一人一世界

楞嚴生活

One Person, One World

Living the Śūraṅgama Way

釋果醒——著

〔自序〕慧根．會跟．願意跟

學禪近四十年，總有一股使命感要將禪法推廣出去，除了帶領默照及話頭等禪期活動外，更重要的是宣揚禪的知見，使有緣人同霑法益。

禪，即是心，即是智慧。要看懂禪宗典籍需有步驟：首先，從義理的理解入手；其次，義理要能實踐。理解的義理和實踐義理不同。很多人停留在理解的義理，能知不能行。實踐義理，則和我們的生活及生命相結合，亦即佛法、禪法知見，可對上我們當下的經驗，如此才會有生命力。

本書是我近年在法鼓山總本山及全球各地分院，含禪期開示及網路共學《楞嚴經》、禪宗著作等課程，由學員錄寫逐字，編成群組分享的《楞嚴期刊》，再由法鼓文化編輯胡麗桂統合彙編。期間編輯數次要求我針對書稿進行增補，因此成書後的書稿，已與期刊所載內容有所不同。

在二〇二〇年出版的《楞嚴禪心》一書中，我曾談及《楞嚴經》卷一、卷二精要，即心性與現象的十種關係。

本書接續談到：《楞嚴經》卷二的「別業妄見」、「同分妄見」；卷三的「三科七大」；以及最重要的，卷四談到「從真起妄」，凡夫因一念妄動，產生無明、能所、虛空、世界、眾生、業果，流轉生死而不自知，其實就是順十二因緣的另一種講法。卷六的觀音圓通法門，從入流亡所，啟動「返妄歸真」，亦即逆十二因緣的修法，邁向超越生死的彼岸。返妄歸真後，性即是相、相不離性，一切虛妄相，無一不是真心的妙用，便稱為「全妄即真」，進一步能如觀音菩薩發揮三十二應、四無礙智，救度有緣的眾生。

本書共編為四講，其中的第四講「《楞嚴經》的生死觀」，即是楞嚴義理的講述與分析，名相較多而義理較深，但卻非常重要。此講原訂為第一講，因考慮讀者可能望文生畏，「知難而退」，那就非常可惜！於是調整講次，先從生活化的楞嚴觀念與禪的日用談起，再循序漸入《楞嚴經》法要，希望這樣的安排，能使讀者更容易閱讀。

例如第一講「佛系人生管理」及第二講「無我的練習」，都是一般人生活中可運用、實踐的觀念。其中談及五代時間管理，以「開發佛性指數」的大時空視角，行「盡未來際的時間管理」，此非一般所談今生的時間管理而已。「確立第一順位」，探討被績效主義掌控的現代人，凡事追求效率至上，殊不知開發「德」比「能」更重要，而且這種特質會累積並延伸至未來世。「人生劇本已寫好了？」及隨時隨地的「現世報」，是因緣果報的另一種詮釋，可能會打破常人的認知模式。

「開機、關機」則是比喻生死自主、自在的新名詞，唯有體證無我，才能如此瀟灑自在。無我的知見，是佛教有別於其他宗教最重要的分野，此一觀念已不易理解，又要能夠體驗，則須經年累月下工夫。若能懂得無我，了解身體只是工具，則探討「恐懼從何而來？」，就有另一種選擇。

第三講「禪的修行」，重在解行相應。禪法即是心法，凡夫的煩惱心，從無明、迷惑而造業、受報的功能，稱為眾生用或迷用、染用；透過默照、話頭、四念住等修行法，朝向妙明、無能所、無貪瞋取捨的操作，稱為佛用、淨用、悟用。關鍵是生活中隨時隨地能修、能用，才有生命力，稱為「生活三昧」、「波羅蜜」。

自己禪修近四十年，發覺早期從打坐下手，由散心、專心到一心，大多在收攝身心的定功下工夫，至於什麼是無心、無我，實難以體會。後經研讀《楞嚴經》、《六祖壇經》等教理及禪宗祖師語錄，再有聖嚴師父勉勵導讀《神會禪師的悟境》和《心的詩偈——信心銘講錄》二書，以及配合默照禪、話頭禪，總算慢慢了解禪宗所謂「體用」、「知外無行、行外無知」的教法。從此提醒自己要隨時隨地用方法，讓佛法關鍵名詞對上當下的經驗，現在已變成一種習慣。

祖師語錄及其師徒對話，都是悟後心性的展現，他們體驗禪即是心、禪即是智慧，同時也調教弟子將有能所的意識心轉為智慧心。從這個指標來看，我所分享的知見與實踐方法，不過是禪的基本功，這與禪師一出手，就要你「斃命」——截斷意識流，還能活過來，即「殺人刀、活人劍」，可說僅是小菜一碟。

但是，要將有心學禪的行者拉拔到此一層次，仍然需有相應條件，我稱為「三ㄍㄣ」：「慧根」、「會跟」、「願意跟」。「慧根」是過去生已種下善根，歡喜親近佛法、禪法；「會跟」是能夠接受我說法的角度；「願意跟」最重要，它是緣分的關係。我的目的，是讓有緣人都來體驗禪的妙用。

本書既有正知見的釐清，又有修行方法的說明，期以雙軌並行，朝向行解相應的目標。但若要真的受用，建議讀者從生活實踐下手，始能與生命結合。書中各個子題，幾乎皆可念念修、時時修、處處修。

感謝法鼓文化的認同與協助，成就本書出版，讓有緣的讀者同霑法露。

釋果醒

目錄

〈第三講〉禪的修行

〈第四講〉《楞嚴經》的生死觀

〈第一講〉

佛系人生管理

開機、關機

人生的目的究竟是什麼？在討論這個問題之前，首先要釐清「我」是什麼，接著再來探討人生目的，如此才有意義。

多數人的人生目標，離不開名、利、權、位、勢，姑且名之「為生活奔波」，很少有人願意深刻探索人生、思考人生的意義，認為探求這些形而上的議題，對現實人生的幫助有限。

在印度，生死是平常事。恆河邊上，從送葬隊伍、遺體搬運至遺體火化，一如日出日落那般稀鬆平常，這彰顯出印度人的宗教情操非常濃厚，在西方社會反而不容易見到。《小船與大山》（*Small Boat, Great Mountain*）的作者阿姜阿馬羅（Ajahn Amaro），是阿姜查（Ajahn Chah）的徒孫，英國人，他說他的母親直到九十歲那年才首次見到屍體。在美國，人們刻意淡化死亡，遇家人往生，他們會把亡者打扮得栩栩如生，並在遺體胸前配戴一朵花，整體氛圍就像是參加一場 party。

我自己是三十三歲那年開始探索人生意義，追問自己：「什麼是我？」及至學佛、學禪才發現，生死是每個當下活生生的事實。佛法不僅思惟生死，也探究如何出離生死；而禪師不獨能夠坐脫立亡，還能夠生死自主、生死自在。

生死即涅槃。原始佛教講的入涅槃法，是從欲界的散亂心起修，直至除五蓋，再逐級從初禪、第二禪、第三禪到第四禪，接著入四空定，再退到第四禪，趣入涅槃。我們讀佛經，看到舍利弗與目犍連尊者，因為聽到佛陀即將入滅的消息，即示現火光三昧，脫身入滅。他們為什麼這樣做？一說是不捨佛之入滅，一說是遵循諸佛上首弟子通規，先一步於佛入滅前入滅。

再看禪宗典籍，同樣不乏生死自在的公案。日本道元禪師的師叔——石霜慶諸禪師圓寂後，首座和尚準備接位，石霜禪師的侍者道虔禪師認為他未得先師心法，於是問他：「先師道：休去，歇去，一念萬年去，寒灰枯木去，古廟香爐去，一條白練去，其餘則不問。如何是一條白練去？」首座答：「這個秖是明一色邊事。」這個回答，讓道虔更加篤定他並未得法。首座很不服氣，即刻燃香於二小時內坐脫立亡。結果還是不被肯定，道虔嘆息地說，首座確實有工夫，但先師心法，他連邊都摸不著呢！

唐時龐蘊居士的女兒靈照也是坐脫立亡。龐蘊一家人，個個禪修工夫了得。龐蘊晚年，一日有感時辰已至，估計就是當天中午了，便問女兒靈照：「午時已到嗎？」靈照答：「早就過午了。」龐蘊怎麼想都覺得不對勁，於是走出房門看看天色。再回房時，女兒已先一步捨身化去了。

我原以為坐脫立亡已是不可思議境界，沒想到又讀到自在脫身且活過來的祖師公案。唐朝紙衣和尚向曹山本寂禪師禮座，領受禪師的一席話後，心滿意足地捨身了。本寂禪師卻說：「哎呀！你只曉得如何自在地去，卻不明白如何自在地來啊！」話才落下，紙衣和尚當場死而復生，再次請法；得法後，又滿心歡喜地脫身化去。死去又活過來，活過來又死去，這樣的生死自主、生死自在，使我嚮往。

生死自主、自在，可用現代電子產品「開機、關機」來比喻。「關機」是完全斷除心識的再生力量，如阿羅漢證生因已盡，從此不再入生死流，即是斷十二因緣的「觸」，相當於宏智正覺禪師所說「不觸事而知，不對緣而照」。觸與貪、瞋斷盡，生命的再生力量也就斷除。眾生之所以流轉生死，便是《楞嚴經》所說「從真起妄」，在無能所的心性中，妄執身心為我，為了活命及追求舒服而不斷造業。也就是說，只要後念緣前念的能所模式不停下來，業力便永無休止。要滅苦，就得明白生死心的錯誤操作模式，往這個方向探究，人生才不會迷惘。

「開機」則是再生的力量斷除後，又能重生。即《楞嚴經》所說「返妄歸真」後，再回到「全妄即真」，產生度眾生的大用。

總而言之，五蘊組成的身心現象全是心性的作用，心性才是真正的「我」。凡夫的意識心執五蘊為我，取相、著相，流轉生死。覺悟者的智慧心以五蘊為工具，清楚一切現象都是心性展現的功能，故能入生死流而不受生死繫縛，他們廣度眾生，開發方便智，直至福慧圓滿。

人生劇本已寫好了？

我曾說：「每個人的人生劇本已經寫好了。」便有人問：「如果出生時，人生劇本已寫成，那麼命運還可改變嗎？」「如果人生劇本已寫好了，還需要修行嗎？」

「人生劇本早已寫好了」，是從佛法的三世因緣、因果來談。有些大修行人，透過宿命通，可見過去無量劫的因、緣、果；透過天眼通，可從時間看未來、從空間見無量無邊的恆河沙世界，如《維摩經義疏》云：「吾見此釋迦牟尼佛三千大千世界，如觀掌中菴摩勒果。」

但是神通有高低之分，也有究竟與不究竟之別。阿羅漢即使證得神通，仍非究竟。佛陀十大弟子中，被譽為「神通第一」的目犍連尊者即曾有三次重大預觀失誤；唯有佛陀能看見眾生無量世的因、緣、果。

從定業來看，人生劇本已經寫好了。定業是指一定時間裡，命運按照劇本走，現象不會改變。佛陀時代，琉璃王攻打釋迦國，佛陀雖三次於途中慈心勸阻，還是改變不了釋迦國被滅亡的命運，因為果報已然成熟。

若從大時空視角來看，命運就不跟著劇本跑了。比如從高雄搭乘高鐵到臺北，最快一小時又三十分鐘，假設今生壽命只有一小時，那麼肯定到不了臺北。但是把這樣的心願帶到下一生繼續努力，終可抵達目的地。這就如佛陀為諸大菩薩授記，預示他們何時成佛、何地成佛，以及佛號、佛土等，各各具足。

因此，聖嚴師父曾說人生劇本有二種版本：一種是「精準版」，人生劇本早就寫好了，就如大家今天來聽課，何時進教室，劇本已經寫好了；另一種是「希望版」，我們這一生的命運，大致八成已定，尚有兩成有改變空間，主要是透過修行來改變今生的業因。

改變命運最有名的例子，莫過於《了凡四訓》裡的袁了凡，他年輕時在慈雲寺巧遇一位算命先生，預示他今生享功名祿位，可惜膝下無子。這些預言在往後二十年逐一應驗，於是讓他篤信宿命論。後來，一位雲谷禪師開示他，宿命論是對凡夫說的，大善、大惡之人則不受此限，而一般人只要懺悔、修善積福，便能改寫命運。於是他發願做三千件善事，隔年考科舉得狀元；再發願做一萬件善事，之後不僅得了子嗣，壽命也從算命先生預測的五十三歲延至七十四歲。

一般人看《了凡四訓》，關注的都是陞官了、有孩子了、延壽了等現象改變。其實，袁了凡本來是宿命論者，後來懺悔、發願、做好事，這些觀念行為的改變，卻往往被忽略了。

宿命論者認為，現象改變才是命運改變，其實心態改變、知見改變，進而行為的改變，才是真正改寫命運。修行的功能，就在於轉變心態與知見。例如面對人生各種際遇，從原來不甘願、自怨自艾的心態轉為坦然接受，這是心態改變。原來認定果報真實不虛，現在發覺是一場夢，雖有受報的現象，卻沒有一個「我」在受報，則是知見改變。

著名的禪宗公案「野狐禪」，從「不落因果」到「不昧因果」，是知見改變的最佳範例。百丈禪師說法時，常有一名老人前來聽法，原來這名老者是狐狸化身人形，五百世前曾是修行人。曾有行者問他：「大修行人還會落於因果嗎？」他答：「不落因果。」便因這個錯誤知見，從此淪落狐狸身，流轉生死五百世。老人以同一問題向百丈禪師請益：「大修行人還會落於因果嗎？」百丈答：「不昧因果。」老人聞法，當下解脫。對覺悟者而言，世界萬象依舊，卻已無我相、人相、眾生相、壽者種種分別執著，他們不再造業，可是該受的果報依然要受。

因此，從定業看，人生劇本雖已寫好了，但若能改變心態與知見，其實命運也就能轉變。倘若心態與知見改變了，至於這一生命運是否有所轉變，已經不是重點了。

現世報

通常大家會以結果做為判斷果報的標準，倘若結果未如預期，則認為沒有報應，或是覺得「不是不報，時候未到」。其實不是因果不報，也不是時候未到，而是你不知道什麼是「現世報」。

其實，每個當下，身體、語言、感受、心念組成的現象就是「現世報」。生活中，任何時間都未離開現在，例如想到明天時，是「現在」浮出「明天」的語言相；計畫明天做某件事，也是「現在」心中浮出「明天」的事相。

任何相，都不離「現在」，所有的現象，只在當下發生。因此，任何時間，身心與外境互動產生的種種現象，就是「現世報」。

比如重刑犯，有些人很快被逮捕，有些人則逃亡或藏匿，甚至多年仍無法追緝到案。逃亡算是因果不報嗎？事實上，逃亡期間，他們終日藏躲、心生恐懼，恐懼心就是「現世報」。又如盜取他人財物，也許當下未被發現，但是害怕被揭發、被捉而內心忐忑，這也是「現世報」。

同樣地，做好事的當下也是「現世報」。可能有些人做了好事，反而被埋怨，或是得不到對方感謝，覺得自己好委屈。其實不必這麼想，因為做好事的當下，身心比較放鬆、喜悅，這種身心狀態就是一種「現世報」，不會因為對方是否回報而有所增減。所以，每個當下都是五蘊組成的「現世報」。

這也就是說，「現世報」不是外在環境給予我們的，完全是自作自受。比如諸位聽我講課，有人聽得很歡喜，有人聽不懂，想找機會開溜，或者不好意思離開，只好勉強留下，這都是個人選擇的心態、想法及感受。如果說你們的身心感受是我給的，那麼應該人人的感受相同，可是為什麼有些人覺得我講得好，有些人認為講得很糟？因為這些心態、感受和想法，都是每個人五蘊選擇的「現世報」。

所有的「現世報」，包括身體、言語、心態等都可選擇。以喝茶為例，當你說：「可不可以倒杯茶給我？」或是「倒杯茶給我！」這是兩種不同心態。「倒杯茶給我！」是命令口氣，身體是緊繃的；「可不可以倒杯茶給我？」是商量語氣，身體比較放鬆。

當我們的心處於命令、要求的狀態，身體是緊張的；心放鬆，則身體不用力，言語也會比較平和，在這種狀態下要說出命令的話，反而很難。例如家長要孩子寫功課，一個提高嗓門說：「趕快去寫功課！」另一個則是輕聲叮嚀：「功課要寫喔。」語態不同，「現世報」也就不同。

通常，我們不知道當下的身心狀態就是「現世報」，也不知道這是可以選擇的。曾有記者問奧運游泳冠軍，是否知道鄰旁泳道的選手是誰？他說：「不知道，我只顧游自己的！」全心投入，沒有競爭心態、沒有壓力，才能展現最好的狀態；如果身心處於競爭狀態，全身就很難放鬆。

所以日常生活中，時時處處都是「現世報」，隨時隨地都可以選擇「現世報」。這點明白以後，再配合「任何時間都沒有離開現在」、「後念碰不到前念」、「身體、想法與感覺不是我」等觀念，並且想辦法去實踐，就能經常生活在如意之中，乃至萬事如意。

確立第一順位

一般人深陷習性制約而不自知，即便是禪修工夫很好的人，一旦與境界狹路相逢，也就無暇觀照身心是否放鬆了。

早年我在屏東分會擔任輔導法師，每週從屏東開車到潮州，那條路筆直又寬敞，車流量少，往往只需提起五、六成注意力，就可以很安閒地開車，如此享受了三、四年的「開車禪」。日後在美國領執八年，經常從象岡道場開車到東初禪寺，那兩小時車程，無論我怎麼告訴自己要放鬆，就是用不上開車禪。當時覺得納悶，禪修觀念與方法我都知道，也會用，為什麼在屏東用得上，在美國卻用不上？

後來發覺那是我出家前，一向習慣開車搶時間的惡習，加上錯置「第一順位」所致。因為我總想著要提前十分鐘到東初禪寺，因此一上車，就在腦中規畫路線，為了避開塞車路段、避開號誌燈，能超車就超車，並且不斷因應路況而調整路線。如此習性，即使有再好的禪修工夫，也只能屈服於錯誤的目標導向。

尤其現今社會競爭激烈，更容易使人陷入目標導向的行為模式。要反轉這種操作模式，就要重新確立「第一順位」，比如禪修。

禪修，對個人而言是平常心、平等心；展現於人來我往，則是轉「眾生用」為「佛用」。聖嚴師父對此有高明的說法：一種是「藉事成人」，另一種則是「藉人成事」。

一般人對待生活中的人、事、物環境，都是有能所的。即使在道場，護法居士之間，甚至僧俗之間，對於同一件事，各有不同看法和作法，常不自覺陷入「藉人成事」的目標導向。例如辦活動時只看成果，忘了我們是藉由活動來成就彼此修福修慧。因此活動結束後，便可聽到有人「發願」從此不與某人合作了。

談起「藉人成事」，我也算是過來人。出家後有段時期，我負責蓋房子，那時一心只想著如何節省經費，不僅身兼監工與工人，還指揮其他法師幫忙做工，結果當然被客訴了。我也看到有些法師則懂得以成就人為第一順位，他們找人一起成事，關懷也做得到位，讓所有參與的人都做得很歡喜。

「藉人成事」是眾生用，「藉事成人」則是佛用。我們是藉著人我互動，學習修包容心、尊重心、耐心、柔軟心，即使事情做得不完美，可是大家做得很歡喜，那就是成功，後續再有新任務，大家肯定都會來。否則，平時人人法喜充滿，一旦事多且雜，法喜與禪悅就不見了。

道場畢竟不是極樂世界，每個人都是發心來修行、奉獻，卻也同時帶著各自的習氣，因此遇到不合意的境界是正常的，若是沒有這些不合意的人事境界，也就少了讓自己磨鍊的機會。一般世間法則是看哪個環境不順眼，能閃就閃、能躲就躲，或是運用自己各種資源、能力領眾，此時，你的能力可能成長了，卻不是品德和心性的成長。既然發心來道場，假設初心不變，就要練習調整自己、適應他人，而不是退出江湖、含淚而去。

道場人多、事也多，彼此要能和樂共事，就要有整體觀，朝「藉事成人」練習。師父曾給我「意見三不」的三帖藥：一，請你提意見，不要不提；二，沒有請你提意見，不要想提；三，提了意見後，不要期待他人採用。這三帖藥，也可稱作「意見波羅蜜」，其精華正是無我的空慧，對我來說非常管用，從此可謂「事事順利」。

我也學著如何化解他人煩惱。居士之間起衝突，找我主持公道，我不會上當，誰來告狀，我就說：「哎呀，你這是煩惱啊！」

習慣「成事」導向的人，要學習放手、授權，即使對方做得狀況百出，都要讓他們有發揮、學習的空間。早期僧團剛出家的法師，都是先到大寮（廚房）領執。有位法師出家前已是廚藝高手，但負責大寮的主管法師不擅烹煮，卻很有想法，經常指導人、給意見。後來有人不服，向師父告狀，師父卻未因此而換人，為什麼？因為大寮執事的訓練，並不是把菜煮得好吃就夠了，更重要的是把心調柔。師父培養人有個原則，只要有人願意承擔便充分授權，這個人或許經驗不足、學習得慢，但只要方向正確，假以時日，「能」與「德」都會成長。如果不放手、不授權，永遠無法培養新人。

在團體共事中，以「藉事成人」來培養「能」與「德」，努力提昇專業，同時不忘初發心，就是福慧雙修。因此，從大方向來說，「菩提心」是人生管理的第一順位，生活中練習「藉事成人」、「意見三不」等方法，都可幫助我們開發菩提心，成就他人、成長自己。

開發佛性指數

現代社會競爭激烈，為了在有限時間取得成功，坊間出現許多關於時間管理學的專書，其中有個觀點談到時間管理的演進趨勢，稱為四代時間管理。

第一代是「備忘錄」時間管理，屬於日記式清單摘要。例如當天有什麼會議、待完成事項、聚會、行程等，想到什麼就記什麼，完成一件事再做第二件事，當天無法完成的，留待第二天再做也無妨。

第二代轉為「行事曆」時間管理，著重事前規畫，釐清待辦事項之輕重緩急。例如一天有八個行程，哪些事情是比較重要、緊急的，優先去做；哪些事情比較不重要、不急迫，排在後面。從重要性及急迫性做出先後排序，逐項完成。

第三代稱為「目標導向」時間管理。此為第二代時間管理的進化版，雖然已釐清事項之輕重緩急，也都逐一完成，但成果卻是分散的，因此升級為目標導向。舉例來說，假設目標訂為三年賺五百萬元，而在同一時間有兩件事要做，一個是家庭活動，一個是與廠商簽約，經過天人交戰，結果選擇與廠商簽約。如此為設定目標全力衝刺，在所不惜，如同把所有的錢存入同一家銀行。

第四代是「價值觀導向」時間管理，是第三代時間管理的再提昇。事業與家庭不可兼得，如果三年賺五百萬的代價是家庭失和，最熟悉的家人反成疏遠的陌生人，豈非得不償失？因而重新檢視什麼才是人生的價值？何者為要？最後總結：錢還是要賺，第一順位則是家人與自己的平安、健康、快樂、幸福。

從佛法立場，可提出第五代「盡未來際」時間管理。

常有人提到「四Q」，即是「IQ：智力指數」、「EQ：情緒指數」、「AQ：逆境指數」、「MQ：道德指數」，佛法則有最究竟的「BQ：Buddha Quotient，佛性指數」。BQ橫跨三世，它是佛性最完美的功能，形之於外是智慧、慈悲。覺悟者以BQ為第一順位，就如聖嚴師父的人生大方向，是盡未來際開發慈悲與智慧。

舉例而言，約在四十年前，仍是鐵皮屋時期的農禪寺，有一天，農禪寺周邊失火，只見僧眾提水的提水，拿滅火器的拿滅火器，急得不得了。師父則從容地走上二樓觀察火勢，也清楚看到弟子們匆忙、慌張的樣子，因此事後對大眾說：「你們不是學禪的嗎？」師父提點大眾，遇到危急情況，更要處變不驚，事情該怎麼處理就怎麼處理，然而身心是安定、不慌張的；假使處理後，火勢仍無法撲滅，也要坦然接受。

面對、接受、處理、放下，即是禪的平等、平常心。以平等心看待一切現象，則處處平安，無有恐怖。民國初年，虛雲老和尚回軍閥李根源的一段話就是例證。李根源說：「我要殺你，易如反掌！」虛雲老和尚告訴他：「你要殺我，的確易如反掌，但是要讓我起恐怖心，絕無可能。」

如果缺乏BQ，關鍵時刻，平等心做不了主。馬祖道一禪師有言：「日面佛、月面佛。」日面佛代表活著或健康，月面佛代表死亡或生病；現象雖有別，心性平等無二。

二十多年前，臺灣桃園國際機場發生空難事件，有二百多人罹難。有人問：「這場空難要具足一百個條件才發生，只要任何一個條件改變，空難就可避免，佛菩薩為什麼不幫忙？」其實生死、成敗、生病或健康，都需因緣具足。健康要具足一百個條件，生病要具足一百個條件，死亡同樣也要具足一百個條件。只是凡夫貪生怕死，鮮少將平等心視為第一順位。

生命是無窮盡的，一切現象都是心性的動用。在生死幻境中，以身體做為修福修慧的工具，將執取我相、人相、眾生相、壽者相的「眾生用」，轉為性相平等的「佛用」，投入「盡未來際」時間管理，不斷開發佛性指數，才能世出世間，任運自在。

慢半拍

《楞嚴經》指出，眾生的一切煩惱，始於一念妄動，無明、能所、虛空、世界、眾生、業果，都是心的妄念。每個當下，我們都將識心變現的人、事、物，視以為真，看到現象、聽到聲音，就認為裡面有人，進而連結想法，拉出一堆妄念。要停止這種後念緣前念的意識心，可練習「慢半拍」。

所謂慢半拍，是無論看到什麼、聽到什麼，甚至想到什麼，不要馬上回應。當你發現自己把現象當成人，產生想法、語言、動作，知道這是意識心的盲動，此時，新的模式就會出現。大原則是：一、接觸一切人、事、物，要知道一切現象都是心感知的，如同夢裡的張三、李四，全是心中的東西。二、無論白天的想或是夜裡的夢，所有浮現的影像、念頭、想法等，都是無知無覺的物，生起後即消失，不是真正的我。

相信大家都有這樣的經驗，當我們入睡後，不看、不聽、不想，也不感知身體，對我們來說，這個世界和身體都消失了；醒來後，身體和世界又出現了。然而，醒來之際，如果心不取相，會發覺身體不見了，即如禪修至身心統一時，身體的覺受消失了那樣。反之，睡醒後馬上動念「現在幾點了？」，就會接連產生「我要趕快做這、做那」等一堆妄念。因為你不覺得想知道「現在幾點了？」是個妄念，就會跟著此一妄念相續互動。

如同禪坐時，腿痛得難受，動念「想放腿」，此時由大腦下「放腿」指令，接著，全身細胞準備執行。此時，已非僅是一個「放腿」的念頭而已，而是一堆妄念串流，產生連動效應，全身躁動，更增強腿痛的感受，於是你真的放腿了，事實上，這就是業力。所以，重點是「慢半拍」，發現有妄念生起，不要馬上連結。

「慢半拍」的目的，不是為了制止妄念，而是讓我們的心留有餘裕。如果去制止，就會陷在念頭有好壞之別，這已是後念緣前念，當然也看不到念頭當生當滅的特質。假使妄念生起，已連結觸、受、愛、取、有等身心反應，那就從當下開始練習，不去制止，也不改變，它要怎麼樣就讓它怎麼樣，只是清楚知道當下生起什麼感受。日常生活也是一樣，當你想到某人、某事，而浮現相關念頭時，先擱置，不要執行。因為一執行，念頭就會像瀑流般相續。

通常，我們都會抗拒情緒，一旦生起情緒，會急著想把糾結的情緒轉為平靜心。其實化解情緒的重點，不是讓自己沒有情緒或是轉為平靜心，而是認識情緒裡沒有我。所以，不要害怕情緒，也不要控制情緒，只要練習「慢半拍」，就有機會看見情緒如何生起，從源頭去化解情緒。如同水龍頭故障，水流不止，此時，用手去阻擋是沒有用的，只有關閉水閥，才是解決的辦法。

「慢半拍」相當於在一堆妄念中，有人等著上台，你雖然看到了，但是不急著配合。只要心的主人沒有請它出場，它就上不了台。因此，聖嚴師父演講時，通常會帶領大眾進行五分鐘的禪坐，目的就是引導大眾體驗：先讓自己對身心世界的執著慢下來，然後再重新去體驗身心世界是什麼。

當情緒生起時，可把注意力拉回到身體，體驗呼吸或是感受身體的感覺。如果還是被情緒牽著走，也不要急於把情緒轉化為平靜心，畢竟發飆與平靜，都是心性的功能。假使還是有情緒，你就練習當一名旁觀者，欣賞情緒如何發洩，感受情緒如何驅動你的身體。

因此，有情緒是正常的，想要壓制情緒是正常的，即使情緒排山倒海而來也是正常的，因緣、因果就是如此。對覺悟者而言，世間現象通通有，然而他們以平等心看待一切現象，不取、不著、不住，因為心中已無人我是非的分別相。

生活中練習「慢半拍」的原則有四：

一、只看：心中浮出觸、受、愛、取、有等反應，不制止、不改變，只是看到。

二、不壓、不跟：念頭生起時，不壓制，也不跟隨，練習讓自己的心不停留在任何地方。

三、反問：當心中浮出某人影像時，試著反問自己：影像是心外的人，還是你心中的東西？

四、歸源：釐清煩惱的根本，認清情緒裡沒有「我」，心念、感受和情緒，都是當生當滅的暫時現象，不是真正的「我」。

要認真，不要當真

日常生活中，可從一般人交談的內容，知道他們在調取記憶並交流彼此的妄想。例如「我的女兒怎麼會這樣子！」「最近某人買了股票，大賺一筆呢！」「唉！連他這種人都陞官了，還有天理嗎？」，這些都是調動記憶的語言相。

我是在與信眾互動過程中，逐漸發現這些錯誤的操作。首先，看到很多人把記憶中的影像當真，以妄想交流妄想。其次，看到自己把判斷、想法當真，把眼前的色相、聲相當成心外的人。這是從觀念上看到認知的錯誤，接著要轉化。若能正確操作正知見，便可體驗心不住相的種種妙用。

我自己是運用四念住及話頭反問法而漸有心得。當然，日常與人互動，在見色、聞聲當下，第一念還是會把眼前的聲音、影像當成是心外的人，第二念則馬上提起「一切現象都是我心中的東西」。比較困難的是，既要當真，又不能當真。因為若不當真，就會與世間脫節；若是當真，則又流於世間法。

《大般涅槃經》云：「一切聖人唯有世流布想，無有著想。一切凡夫惡覺觀故，於世流布生於著想。」聖人有世流布想，意思是他們也要吃飯、睡覺，一切舉止與常人無異，但是他們沒有分別、執著的顛倒想。聖嚴師父則勉勵我們：「要認真，不要當真。」「認真」便是聖人的世間流布想，「不當真」則是沒有分別、執著的顛倒想。

與人互動時，可練習師父教導的「要認真，不要當真」。「認真」是接受並肯定一切世間萬象都不離因果、因緣法則，「不當真」則如蓮花出汙泥而不染，不改變任何現象，但要轉化無明能所的取捨業力。具體而言，要從無我相、無人相、無眾生相、無壽者相的知見下手，最後拉到「一切相都是我心中的東西」。

禪宗祖師一定是千方百計讓有潛力的人朝向「無我」的體驗，然而要念念修、處處修、時時修，重點在於體用的知見。一般人認為自我是真實的存在，把生活與生命的現象當真，自然試圖改變現象，達到生存的目的及五欲的滿足。認知常人把這些現象當真，並且觀察其行為動機，再從出世間知見來轉化，才能體驗什麼是心不住相。

《瑜伽集要施食儀軌》云：「收來在一微塵，散去普熏法界。」這是心不住相的大原則，在此大原則下，既要能 zoom in（放大），也要能 zoom out（縮小）。就如一張拍攝汽車的高像素照片，一眼可見整體車身及周圍環境，若要辨識車牌則不容易，須將照片放大再放大，才能字字分明。從修行言，zoom out 是大方向的整體觀，zoom in 是具體操作法。進一步說，zoom in 相當於「認真」，zoom out 相近於「不當真」。

因此，生活中要「認真」融入世間法，看到每人各有其需求、各有其看法，並且接受所有的意見、想法都是正常的。「不當真」則是看清世間法的顛倒所在，明白一切相都是自心物，心外無人，而生活中的人我互動，不過是與自心中的影像交流。如此再配合實修，不斷練習從心境、人我對立的煩惱中抽離，才能體驗得心自在，不再隨業力流轉。

若能很用心、很認真地不把現象當真，漸漸地，就能與六祖惠能大師所說「離假即心真」相應。那時，生活中照樣有喜、怒、哀、樂，但是我們的心不再起分別、執著，因為喜、怒、哀、樂都是度眾生的工具；甚至可說，一切眾生，都是為了幫助我們修波羅蜜，而出現在我們的生命之中。

人身難得，身見難斷

佛法講「人身難得」，又說「身見難斷」，為什麼？

人身難得，有兩個重點：一是出生為人，有如盲龜百年浮出海面一次，恰好鑽進海上漂流的原木木孔，這樣的機率微乎其微，所以難得。另一種難得，是因在六道眾生中，唯有人道能夠修行。

經上說「一切眾生成佛」，這是從無量三世來看，若以現下今生而言，只有人類最適合修行。有些動物看似也能修行，如臺中寶雲別苑有隻斑文鳥，經道場收養一段時間及法師特別調教後，能夠精準發出「阿彌陀佛」的聲音，牠也培養出三隻「鳥徒弟」一起念佛。不過，即使斑文鳥會念佛，也聽不懂佛法講的無常、無我、空，所以不能算是修行。

鬼神修行也不易。我們每天做早晚課時，鬼神會來護持。他們是微細身，心想去哪裡，身體就到那裡，卻也因其微細身，不易修行。

六道眾生中，動物愚癡，不知佛法；鬼神無粗重身體，不易修行；天人享福報，不易發心學佛道；地獄太苦，無從聞法；唯有人道，苦樂參半，又因有粗重身體，及有記憶及思考能力，所以能夠修行。

人的色身是粗重身，身體運作的速度比心慢七倍，所以禪修時，常藉由調身、調息，進而調心。可是，人因有粗重身體才能修行，卻也因為執著身體而阻礙修行，稱為身見難斷。

身見，又稱薩迦耶見，是梵文 Sat-kāyadarśana 的音譯。一般人執取身體為我，《楞嚴經》稱為「認物為己」。把身體當成我是身見難斷的關鍵，一般人對身體的感受很強烈，看到色相，馬上分別是人、是物、在哪個方位。禪坐時，當身體的覺受消失了，就能體驗到一切相不離自心，無法分別自他。

執著身心為我，所以身見難斷。那麼，不溺愛也不糟蹋身體，就可破除身見嗎？還差很遠！要破除身見，必須認清身體是工具，法身才是真我。色身雖不離法身，但是四大、五蘊組成的身體會生滅、敗壞，身體僅是工具，不是真正的「我」。

對於身體，我們要珍惜、善用，即使生病，也不擔心。馬祖道一禪師生病時，弟子問候：「禪師身體怎麼樣了？」他答：「日面佛、月面佛。」亦即無論健康或是生病，都以平等心看待。覺悟者清楚身體只是工具，不會執著轉生病的「月面佛」為健康的「日面佛」。可是一般人生病，就會擔心身體敗壞，更擔心死亡，這種種擔憂、罣礙，等於是用身體修恐懼心、執著心。

《金剛經》云：「凡所有相，皆是虛妄。」身體有相，當然也是虛妄的。凡夫把身體當成我，執著它，終身淪為身體的奴隸，等於捨棄佛性，去認一個無知無覺的身體當為我。開悟者是把身體當成度眾生的工具，並且看到「全妄即真」，自由自在運用幻化的身體，不會執著它，也不否定它。如洞山良价對水中倒影說「渠今正是我，我今不是渠」，相當於「全部都是我，也全部都不是我」。

如何發揮「影響力」？

什麼是「影響」？一般人為什麼會「受影響」？「影響力」又是如何產生的？探究「影響」二字，可以是名詞、可以是形容詞，也可當動詞用。以講說為例，演說者的色相是「影」，言談的聲相是「響」。比如上課時，我的談話產生「影」與「響」，聽者接收後，各自在心中產生連結、重組，這就是聽者「受影響」了。這裡的「影響」、「受影響」，都是動詞。

「影響」是心運作的事實。我用心性產生講話的現象，包括講話的聲音、表情、感受等，統稱為「影響」。對聽者而言，我所產生的「影」與「響」，其實是從聽者心中浮現的，但一般人會認為那是心外的「影」與「響」，因此連結記憶中的「影」與「響」來回應。

又如路上偶遇一人，覺得很眼熟，馬上動用記憶來判斷「這是誰？」「在哪裡見過？」也就是說，從當下所見的「影」與「響」，啟動記憶檔案予以連結；同時，又將記憶中的影像當真，產生種種感受、想法，就叫作「受影響」，其實這都是意識心的運作模式。

意識心的運作屬探照燈模式，並非平等普照。我常舉例，有四個人到一家餐廳聚餐，後來我問他們，對這次聚餐有什麼心得，結果人人不同。有人說這家餐廳的裝潢很有特色；有人說他看到餐廳供奉一尊佛像，感到很親切；有人關注餐具擺盤，認為很有品味；另有一人只感到飢腸轆轆，一坐定就馬上點餐。每個人各以現前身心所感知的外境截然不同，就是意識心的探照模式。

《楞伽經》云：「識者識所識，意者意謂然。」意思是說，每個人的意識心選擇自己想看的對象，然後各自解讀。看到現象，認為是心外的東西，再針對現象連結記憶中的舊檔案，合併存儲，便是各自「受影響」。

其實，無論現象生起或是連結，都是心性的功能，一切現象都是自心物。以講話為例，不論內容為何，只是心性穿著不同的「衣服」而已，重點在於穿著哪些「衣服」，比較能夠使得他人接受，進而產生相應的「影響」。一般而言，相對於「命令」、「指責」、「批評」、「抱怨」等衣服，一般人更願意接受「包容」、

「關懷」、「安定」、「慈悲」等衣服。

因此，發揮影響力，就是讓別人願意接受你的「影響」，我們可以運用這種方式行菩薩道，也可藉由這種方式，轉化錯誤的操作模式。舉例來說，我曾數次與師父同車，除非有必要，否則師父很少開口；但是只要師父在車上，全車的人都能感受到一股安定的攝受力，即使你想打妄念，也不容易生起。

對覺悟者而言，一切的「影」與「響」，都在人人心中整體呈現。我的心呈現什麼，你的心也呈現什麼，此中沒有人我之別，便是「張翁喫酒李翁醉」、「東山下雨西山濕」。當然也不會加料，產生貪瞋取捨、恩怨情仇，時時處處都是「佛佛體同」、「同見同行」。

如何體驗呢？一種是透過禪修，練習止的工夫；一種是生活中運用「八式動禪」的原則，隨時把注意力拉回到身體放鬆、清楚身體覺受的每個動作上。至於獨處時，可練習「一支香」模式，也就是全心投入，工作時，全身心都在工作；走路時，全身心都在走路；吃飯時，全身心都在吃飯。當下只有一念，而每一念都是圓滿的。

問答討論

問：日常生活中，雖然很努力想要除能所對立，但是有個矛盾，日常行為模式與我們正在努力的除能所，方向完全相反。這個矛盾要怎樣調和？

答：首先要學會觀察自己的念頭，究竟是我在與人互動，還是把心中浮現的念頭當真，這要持續不斷練習，漸漸能產生質變。如果不從源頭看清心中浮出的念頭是虛幻的，並非真實，也就只能停留在那些枝微末節的事相處理上。

覺悟者每個當下都在實踐無我。我們看虛雲老和尚的法相，多半雙目低垂，當然開示時也會目視聽眾，但不會老是盯著不放，內視比較能夠休息萬事。所謂「雖不能至，心嚮往之」，我們向覺悟者學習，並不是期待有一天我們也開悟了，而是從現在起，我們的心態、知見要與覺悟者相應，這需要不斷去轉化習氣。眾生的貪瞋習氣，不可能忽然間就轉為不貪不瞋，天底下沒有這等好事。而要如植樹一般，首先必須翻土，重新播下沒有能所、不貪不瞋的種子，才能讓新的知見、思惟模式發芽、生長。

修行是以無能所為努力目標，懂多少就修多少。真正的精進，是任何時間、每分每秒都在實踐，當你有了身心合一的體驗，便會以整體去感知六塵，心不停留於任何地方。即如聖嚴師父所說，走路的時候，整個環境都在走路；工作的時候，整個環境都在工作。

問：法師說，心可感知一切，一般人卻錯用六根來感知環境。要修正這一錯誤，最有效的方法是禪修。可是有些人忙到沒有時間禪修，除了禪修，還有其他輔助方法嗎？

答：我常講「三見行」，意思是任何時間，你都有改變現象、心態、知見的三種選擇。

第一種是只想改變現象。多數人都希望改變現象讓自己合意，認為自己的想法、感受、主張是最好的，其他人沒有理由不支持、不認同。可是這當中存有機率問題，也就是自己是否足夠幸運、自己的福報因緣是否具足，而讓其他人願意來配合你。

第二種是改變心態，心態也有合意與不合意之別。一般而言，外境能合自己的意就產生貪心，不合己意則起瞋心。對於已經開始修行或有修養的人，面對外境不合意時，不會以「改變現象」為唯一選擇，因為能否改變現象或環境，無法操之在己，但是調整心態，則掌握在自己手中。願意尊重人、包容人、體諒人、關懷人，並且以他為己，就是「改變心態」，如此，人我之間的隔閡就能漸漸消除，也就是在修行了。

第三種是改變知見，大原則是不論外境是否合意，要能認知「現象不是我，卻也沒有離開我」，心性才是真正的我。心性從來不會有能所對立，它超越「二」，也超越「多」。任何時間看到、想到、聽到或思考到的，既是現象，也是心性，每個當下，心性從來沒有缺席。

我們對於環境，經常以是非、好壞、美醜等二元價值來判斷，這是自小養成的認知模式，導致面對不合意的外境時，就與外境產生對立，而起種種煩惱。「改變知見」，則是超越二元對立的慣性操作，既沒有一定要怎樣，也沒有一定不要怎樣，而是隨順當下，因緣讓我去做我就做，因緣不讓我做我便不做，心不住於任何一處，所以沒有罣礙。

「現象不是我，卻也沒有離開我」的知見建立後，要念念修、時時修、處處修，這也是禪修。很多人以為禪修是讓心平靜，究竟來講，禪是心不觸外境，卻能對一切現象清楚了然，產生種種功能。

問：如果說「一切相都是我心中的東西」，為什麼我可以控制自己的手、自己的情緒，可是我卻不能控制他人的手、情緒，也不能影響外境正在發生的事情？

答：如果說一定要能控制才是自己的，那麼我們的身體大部分都不是自己的，為什麼？因為我們的身體，有八至九成是自己無法控制的。例如耳朵，如果不透過手，就無法讓它前後擺動；我們也無法以頭摩擦後背；內臟器官、血液循環、脈搏等，一般人也無法控制。假使中風癱瘓或是植物人，已無法控制肢體，難道身體就不屬於他們的嗎？

此外，一般人認為自己無法影響環境或他人，其實不然。因為每個人處身的人、事、物環境，都是由自己的業力招感。比如某人對我不友善，可是他對別人卻很親切，為什麼有此差別？從因、緣、果來講，這是過去世我和他的關係不好。如果把時間拉長、空間放大，我們與這個世界是正報身與依報身的關係，正報身是個人身心，依報身則是個人造作的業力所招感。因此，環境看起來似乎無法控制，其實還是有的，屬於自作自受的業力「控制」。儘管過去生帶來的業因已無法改變，但是今生的所作所為，我們是有自主空間的，因此說個人無法影響環境，這種說法並不正確。

最重要的，要建立一個觀念：「凡是你感知的現象，都是你心中的東西。」

問：如果一切現象都是我心中的東西，那麼不去想，是否也是減輕痛苦的方法？

答：一般人面對很辛苦或是很棘手的境遇，很難做到不去想它，心中還是會不由自主地浮現過去的影像，與記憶糾纏。於是，有些人選擇逃避、不去面對，希望痛苦的記憶隨時間遠去、淡化；有些人則會壓抑不愉快或是痛苦的記憶，導致氣滯生病。這些不是單獨個案，幾乎所有眾生，包括人類及靈界眾生，多是採取這種模式。

聖嚴師父提倡的「四它」：面對它、接受它、處理它、放下它，是從默照禪法的精神而來。本來想逃避的人或事，現在改變心態，面對它、接受它，不再逃避，結果可能會發現，事情並非如想像中那麼可怕。

從逃避轉為正視事實是一大門檻，尤其面對人生棘手的難題，確實不易。如果已經學佛，還是要學著去面對、接受，從改變心態下手。有些人之所以深陷痛苦，是因為不敢面對、接受，一旦面對、接受，痛苦就會減輕一些。

從更高的層次看，也不要停留在願不願意接受痛苦的層次，而要認知記憶中的影像並非真實，壓抑或是移轉注意力，都是用記憶修理自己，以後念修理前念。看穿自心執取的幻相，才能照見五蘊皆空，度一切苦厄。

〈第二講〉

無我的練習

平衡報導

《六祖壇經》云：「常自見己過，與道即相當。」這可以分為有我及無我兩種層次。

從有我層次看，「常自見己過」相當於俗諺所說「靜坐常思己過，閒談莫論人非」。「與道即相當」的「道」，則與無我相應，只要看到有我、有人，即有過失，能夠做到無我，才是真正契入「道」。

聖嚴師父在《找回自己》一書中，談到自我有四個層次：「認識自我」、「肯定自我」、「成長自我」、「消融自我」，目的是引導讀者從「有我」提昇至「無我」的修行。多數人易懂、易記的是前面三個層次：「認識自我」、「肯定自我」和「成長自我」，其中的「肯定自我」，是清楚認識自己的優、缺點之後，設法發揚優點、改善缺點。師父也指出，發現缺點比發現優點重要。為什麼？因為發現及發揮優點是修行上的「量變」，發現並改善缺點則是「質變」。比如，經常布施的人，過去布施、現在布施，未來也繼續布施，這是量的增加，屬於量變；而一個本來慳貪的人，現在轉為開始布施，則是質變，質變的過程屬於心性的提昇。

一位生性慳貪的富翁向佛陀請法，佛陀便請他拾起地上的一撮小草，從右手布施給左手。常情來看，一撮小草，從右手轉給左手，根本沒有得失，可是富翁卻陷入掙扎，雙手顫抖。為什麼？因為改變習氣，相當於身心質地的根本重設。

生活中也不乏類似的例子。有位居士，開口、閉口都是令人掃興的話，他的詞彙裡，很少使用到祝福人、關懷人的吉言善語。正由於他常講不善語的惡習，所以被大家孤立，重要場合不會邀請他出席。時間久了，他發現到自己身邊的朋友愈來愈少，也明白朋友疏遠他的原因，於是發願改善，請大家再給他一次機會。一次友人婚禮，他全程不語，直到宴會結束前才說：「我今天從頭到尾，可沒講半句話喔，大家要是有個什麼三長兩短，跟我沒有關係。」

他是有意願改善的，可惜沒抓到重點。重點是建立說好話、吉祥話的新習慣，來取代講不吉利話的陋習，而不是不講不吉祥話。同樣地，起瞋心時，要修慈悲心來轉化，而不是不起瞋心。兩者是不同操作。

「常自見己過」屬於「質變」，含有兩種層次：一種是心態的質變，另一種是知見的質變。而從「有我」轉為「無我」屬於知見的質變，這種質變並不容易，可從心態的質變做為前方便，再逐步提昇為知見的質變。

以我為例，早期受菩薩戒後，為了改正自己總是見他人缺點多於見他人優點的陋習，便發願從「不自讚毀他」、「不說四眾過」這兩項做起。可是一時間要「不自讚毀他」並不容易，需有過渡時期的作法，便是「平衡報導」，也就是當我評論某人的缺點時，也一定補上這個人具有的優點。這不容易喔，一般人要能具體舉出他人身上的優點，並且客觀予以讚賞，除非是遠離利害關係的陌生人，否則有時關係愈是親近，愈是看不見、說不出對方的優點。

有位居士帶著家人來道場看我，那位父親全程擺出一副撲克臉，表情非常嚴肅，大概一年難得笑一次。從頭到尾，他不斷數落女兒不聽話、不乖。「你看！叫她坐好，她卻彎腰駝背，長大可怎麼辦啊？」我臨機一問：「你女兒有什麼優點？」他楞住了，一時想不到女兒有什麼優點，倒是一旁的夫人馬上接口：「我一眼就看到女兒十個優點。」後來，他想了老半天才說：「她如果有優點，勉強就是會讀書吧。」他只看見女兒的缺點，而不見其優點，即使女兒把缺點改過來，他還會繼續找下一個缺點，直到女兒「超凡入聖」。

也曾有位居士告訴我，他跟太太爭吵十年，從來沒贏過一次，每次都是他錯，他想這怎麼可能？後來我問他太太怎麼回事？她說：「對啊，他還不夠好啊！」這位太太同樣只看先生缺點，看不到先生的優點。當然我們也可說，這位先生很有福報，娶到生生世世發願來成就他的逆行菩薩。

要轉變看他人不順眼的習性，根本是從無我下手；如果不懂什麼是無我，至少也要看見他人身上的優點，做到「平衡報導」。聚焦他人身上的缺點，就如同盯著白板上的小黑點，只看小黑點、放大小黑點，而看不見小黑點僅是白板的一小部分，其實兩者是一體的。

究竟而言，從有我提昇到無我的質變，首先必須知道什麼是顛倒夢想。佛法講「一切唯心造」，指出一切現象都是從意識心變現，睡時的「夢」與白天的「想」都是顛倒。事實上，夢境裡出現的路人甲乙、男女主角、場景，全由自己包辦。白天從記憶中浮現的「想」，也全是自己包辦，稱為「自導自演」、「自我對話」。

我們在想的時候，把心中浮現的記憶分別自他，一下扮演自己、一下扮演他人，再連結感受、想法等，以為裡面有我、有人，這全是顛倒；又以為後念碰得到前念，更是串聯顛倒夢想，沒完沒了。

實修「常自見己過」的無我層次，除了要認清夢、想中，無人、無我，還須配合默照的放捨諸相、話頭的反聞聞自性，不斷練習，直至能所雙亡。日常生活中，面對讓自己罣礙的人、事、物時，當下若無法察覺，可於事後反問自己：「我到底是討厭他這個人呢？還是討厭自己記憶中的影像？」

建立情緒防火線

煩惱從何而來？一般認為，煩惱多因外境而起，即使因事而起，多半還是牽涉到人。如若世間只剩一人，大概就沒有煩惱了，可是只有一個人的世界存在嗎？那還是世間嗎？

煩惱生起時，可練習反問：「這是我心中的影像，還是對方？」通常我們把記憶中的張三，當成現實的張三，但記憶中討厭的那個影像不會與你吵架。即如我常說「心中的媽媽不是媽媽」，心中浮現媽媽的影像，是無知無覺的相，生起後即消失，而真正的媽媽會照顧你、關心你、會給你零用錢。

道理懂了，實踐則是另一層次。當心中浮出某人的影像時，一般人往往會引發強烈的感受和情緒，即使觀念上知道記憶中的影像並非真實，可是妄念還是相續，一發不可收拾。此時要提醒自己，心中浮現的影像僅是「觸發劑」，連結而生的感受，才是我們要處理的重點。感受有兩點特質：一是「當生當滅」，出現後即消失；二是「無我」：雖有不舒服的感受，卻沒有一個「我」在不舒服。

所以，當情緒生起時，試著消歸自心。若情緒太強烈，有如脫韁野馬，怎麼拉都拉不回來，就開設「防火線」，讓它燒，但不要使之擴散、蔓延。有如森林大火，當火勢已無法直接撲滅時，就要採取間接滅火，另外開闢一條隔絕火勢的防火線，並且清除一切助燃物。

隔離情緒的「防火線」，就是把身體放鬆，練習心不相續。對於已經生起的情緒，不要排斥，也不要跟著情緒跑，讓它自生自滅。如果是壓抑情緒、排斥情緒，反而是在情緒的火勢上加柴添薪，火上加油。

曾經有位老菸槍為了戒菸癮來打禪七，他一天抽兩包菸，菸齡超過二十年。一般人戒菸、戒毒、減肥，大多是靠意志力，他也不例外，用意志力、體力與菸癮較勁。整個角力過程，第一天他占上風，因為精神好、體力充沛，意志力強；第二天露出敗相，睡不安穩；第三天則完全潰散。小參時，他不自覺掉眼淚，感覺自己沒希望了。

其實，面對菸癮或是妄念，有如游泳時遇上強勁漩渦，外行人通常使盡全力和漩渦搏鬥，然而往外游的力量根本不敵漩渦的作用力，反而容易導致溺水。行家則不與漩渦抵抗，他們懂得全身放鬆，順著水流被帶進水底，再往旁撥水，輕鬆地離開漩渦。

面對菸癮或是妄念也是一樣，不要跟菸癮或妄念的漩渦搏鬥。如果被「漩渦」帶走，要記住，任何妄念與感受都只是現象，而現象發生時，心性從來不會缺席；心性就是佛性、法性，遍及一切處。不見心性，而用盡全力與現象搏鬥，這是意識心、有能所的心。

當然，一開始修「無能所」不容易上手，先練習不取捨。菸癮很強時，如同在敵人的基地建立巢穴，被捲入時，可以做的，就是輕輕地體驗呼吸，而不是與現象搏鬥。任何時刻，心都可以重新開始。

我一再強調，與妄念搏鬥是一大錯誤，因為妄念生起即消失，根本無法與之搏鬥，即使贏了，頂多是禪定，仍是有能所的生滅法。只要有所求、有所取捨，就會流轉生死。因此大原則是放下期待心，也放下取捨心。真正的放下，是放下「有」，也放下「無」；放下「有妄念」，也放下「沒有妄念」，心不住於任何地方。

那位菩薩本來已經覺得無望了，聽到我講解無我的知見後，心滿意足地回家了。一個月後再看到他，他改以吃糖取代抽菸，雖然尚未戒除菸癮，至少已轉化了。

從修行而言，面對妄念，離不開「生處轉熟，熟處轉生」的大原則。我們天天複習妄念，非常熟練，反觀修行則是非常生疏，有如蜻蜓點水，偶爾為之。這就如同總是把錢存入「無明」公司的貪、瞋、癡帳戶，偶爾才儲蓄「有明」公司的戒、定、慧帳號。無明公司行銷的產品五花八門，有各種各樣的妄念，目的就是吸引顧客上門。當你被妄念牽著走，沒有關係，只要明白妄念當生當滅的特性，不去迎合它，也不壓制它，再回到修行的方法就好，重點是鍥而不捨。

總之，修行始終有改變現象、心態、知見的三種選擇。將妄念轉為沒有妄念是「改變現象」，轉取捨心為不取捨是「改變心態」，而轉有我為無我才是最高層次的「改變知見」。如果「知見」還是無法改變，至少要從「心態」下工夫，讓煩惱消歸自心，不要淪為轉「現象」高手，還沾沾自喜。

甘願被「擺布」

凡夫遇逆境，多半會覺得不如意、不甘願，也習慣從控制情緒著手，這是治標不治本。

我們看《瑜伽焰口註集纂要儀軌》召請文所召請的對象，有失去領土的國王、爭功失利的將軍、被貶職而客死他鄉的文官、十年磨穿鐵硯仍不得志的書生……，其中一段寫到：「懸梁服毒，千年怨氣沉沉。」這些待救拔的眾生，不是怨恨，就是無奈，全都是不如意、不甘願的情緒。

其實，真正讓我們痛苦的不是外境，也不是情緒，而是用記憶修理自己，這才是問題所在。可能日常生活中，有人罵你一次，而你在心裡反覆咀嚼，回想一次就生氣一次，甚至一天回想好幾次。這都是因為不懂無我，所以不斷拔箭自射，不斷用記憶修理自己，還嫁禍他人。

有些人不善溝通，說服不了對方，還很不服氣地說：「為什麼我要聽他的？」

殊不知如此分別，只會強化顛倒見。一般人不甘願聽命於他人，被人勸導時，還會說：「那叫你去如何如何，你去嗎？」這句話乍聽似乎有理，實則不然。看清無我，才能化解不如意、不甘願。

禪宗公案裡，有位禪師要求弟子們將木炭洗白，多數人不從，只有一個笨徒弟順從聽命，連洗木炭兩個月。禪師問他：「洗得怎麼樣了？」弟子答：「還沒洗白，但是愈洗愈小。」禪師說：「繼續洗！」禪師這麼做的目的，是叫你做什麼，你就做什麼。

另有一位禪師說：「薑長在樹上。」薑明明長於土中，怎會長在樹上呢？禪師的目的是我說什麼，你就全盤接受。有人想跟密宗上師出家，上師說：「前面是懸崖，你往前走，沒叫你停不能停。你若做到了，再來跟我出家。」這個人不敢。

往前走是死路一條，如果徒弟全然信服師父，言聽必從，密宗稱此為「上師相應法」。禪宗雖然不會逼人走上絕路，但是藉事磨鍊弟子、斬斷弟子的生死心，則時有所見，目的是要讓弟子完全相信師父，體證無我的心性。

師公東初老人也曾藉事磨鍊聖嚴師父，一開始說師父會寫文章，需要大房間，讓師父搬到大房間住。結果搬到一半，師公改口：「你啊！福德不夠，還是住小房間吧！」如此來回搬了三次。另外，師公叫師父買磚塊，也是百般折騰。最後師父明白了，這是師公以另一種方式琢磨他，甘願被「擺布」，也就過關了。

凡夫通常看不見自己的缺點，若能甘願被「擺布」，我們的缺點就會逐一現形。有位高階警官，下屬有七百名警員，他希望部屬勇於指出他的缺點，協助他改善，但是誰敢呢？於是另謀方法：「那就改以匿名方式指出我的缺點，我把缺點改了，大家的日子也好過些。」如此一來，部屬回響熱烈，指正的缺點不是十條、二十條，而是上百條。

這位警官平時自認為修養還不錯，即便從嚴檢視，能夠被指正的缺點應該不多，不料居然破百條。而這上百條缺點，固然有些帶有偏見，肯定也有他自己看不見的盲點。更精彩的是，這位警官平日一呼百應，來到我們護法會開會，面對眾多義工，尤其許多是家庭主婦，但他能練習被「擺布」，真是處處有人助他修謙下心。

禪師甘願被「擺布」，我們也要學習甘願被「擺布」，藉此除能所、除顛倒，修忍辱波羅蜜。畢竟能擺布、所擺布的，都是無我、空寂的心。

隨順智慧

一般講不隨順業力，多半是從世間價值來談，比如多為人設想，或是不傷害人，就可少貪一點、少瞋一點。至於不造業，也傾向不造惡業、要造善業，其實善業也是造業。

業力，是惑、業、苦的統稱，因迷惑而造業，因造業而受苦。迷惑，就是無明，《楞嚴經》的說法是無明、能所、虛空、世界、眾生、業果相續。眾生因一念不覺生無明，因無明而產生能所對立，接著把這個世界區分為能感知的心及所感知的虛空世界，這是第一種分類。

世界出現後，我們的心又將所感知的世界，分別為正報身和依報身。其實，正、依二報都是心感知、顯現的。我們的身體與世界，都是由地、水、火、風四大組成。在無盡無邊的四大中，我們的色身僅是其中一小部分，稱為內四大；山河大地及種種有情眾生，稱為外四大。這是第二種分類。

凡夫妄認色、聲、香、味、觸、法六塵為自心相，而將念頭分別你我，將聲音分別自他……，這是第三種分類。

比如，透過網路社群媒體，你們聽到我說話的聲音，一般不會認為那只是聲音，而認為是「果醒法師」。又如你正在講話，傳出來的也是聲音，而你會認為聲音之中，有自己的聲音和別人的聲音。如此，又將心感知的六塵，分別自他，這就是迷惑。迷惑之後，對於某些人講的話，你聽得不中意、不高興了，有時還出口頂撞一下。這些反應，基本上都是把聲相、影像當成人，認物為己，這種情況，就叫作「隨順業力」。

隨順因緣則不同，真正的隨緣是隨順智慧，而真正的智慧是無我的。隨順種種狀況，沒有我一定要怎樣，也沒有我一定不要怎樣。聖嚴師父常說：「因緣有，自性空。」也就是雖有身心或環境種種現象，但是現象裡沒有我。舉例而言，我從A點走到B點，請人用手機連拍整個過程，共三十張照片。此時檢視相片可見，第一張照片，提起右腳；第二張照片，右腳往前；第三張照片，右腳往下；第四張照片，右腳著地；第五張照片，提起左腳……，每個動作都是獨立的，只因現象相續，讓我們誤以為有一個不變的我，從A點走到B點。

其實播放影片時，既可看到一個動相從A點移至B點，同時也看到地板、房間等不動的靜相。在動相、靜相之外，還有一個能知動相、靜相的心。每個當下，都具足「動相、靜相、能知的心性」三要素。

因此，無我，是沒有一個不變的「我」在時空中穿梭，也沒有一個主體的「我」在觸、受、愛、取、有的現象裡打轉，也沒有一個真實的「我」在十二因緣裡相續。

無常、無我，可用海水與波浪來比喻。現象如同波浪，空性則如海水，一切波浪不離海水。凡夫的錯謬是把波浪當成我，在現象上翻騰，誤以現象為我。事實上，現象根本沒有資格稱為「我」，真正的「我」是能產生現象、辨識現象、選擇現象的心性。心性，離一切相而遍一切處，它並不是一個具體的東西，卻有見聞覺知的功能。因此，修行的重點在於轉化錯誤知見。

師父主持禪七時，會開示「慚愧、懺悔、感恩、發願」的重要性，但在講「中觀」時，則開示「不要老是感恩、懺悔」，這是自相矛盾嗎？不是的，師父的教法是層次分明的，只因禪眾處於不同階段，而給予相應的教法。對於初階禪修學員，師父講「有我」的教法，如慚愧、懺悔、感恩、發願；對於中、高階禪期學員，則從「有我」提昇至「無我」教法。

無我，不是斷滅見，也不是什麼都沒有。如果什麼都沒有，《金剛經》怎會說「我皆令入無餘涅槃而滅度之」？佛弟子做功課時，發願迴向「四生九有，同登華藏玄門，八難三塗，共入毘盧性海」，其中「華藏玄門」、「毘盧性海」，就是實證無我。未證之前，凡夫以色身為我；實證無我以後，覺悟者以法身為我。

凡夫對心性的運作，往往是二元對立，若能放下能所，有能所的意識心即能轉為無能所的智慧心。憨山大師曾體驗身體、世界、虛空相續不見，進入某種狀態，再從那個狀態出來，慢慢地，世界又出現了，腳踏地的感覺又回來了。這是實證從有對象的知，進入沒有對象的知。廣欽老和尚也曾念佛念到身體的覺受消失了、禪堂也消失了，佛號繞樑三個月。

如果我們精進修行，及至體驗到身體與世界的感覺消失了、虛空也消失了，而覺知的功能還在，便是智慧心的顯現。所以實證無我，不是什麼都沒有，仍有智慧心的功能。

恐懼從何而來？

有些人希望我來談談如何面對疫情。

從今年一月到三月底（編案：本文為二〇二〇年春季談話整理），新冠肺炎疫情蔓延區域愈來愈廣，死亡人數持續攀升，引發大眾恐慌。媒體報導國內外景氣低迷、國際政壇交相指責等，這些信息都在不斷加劇一般人面對疫情的恐懼。而大家最關心的，莫過於如何自保，才能不被感染，至於人人自危的恐懼心，則少有人提及如何化解了。

面對疫情的恐慌，有人祈禱疫情快點結束，只要疫情消退，也就不會恐懼了，這從佛法來講是「轉境不轉心」。不論疫情何時結束，選擇不恐懼、不擔心，則是「轉心不轉境」。這是兩種選擇。

外在環境有太多因素，是我們無法掌控的，即使做了嚴密防備，也不等於百分百的安全保障。但是選擇恐懼、擔心，或是選擇不恐懼、不擔心的心態，則完全可由自己掌握。期待外境朝自己期待的方向改變，才能不恐懼、不擔憂，此為「轉境不轉心」；無論外境是否合自己的意，不憂心，也不驚恐，則是「轉心不轉境」。

當然，轉心、轉境都不容易，然而轉心才是真修行。因為恐懼的源頭不在疫情，而是我們執著身體，貪生怕死。一般人想活命，卻又不知道嚴峻的疫情將持續多久，於是憂懼不已，認為只有當疫情止息，不再威脅人類生命時，恐懼心才得以消除。然而，即使疫情完全消退，也並不保證恐懼心從此不再生起，凡夫只要執著身體一天，潛藏的恐懼心便隨時伺機而動。因為恐懼心雖能提醒人們避險，卻無法消除對身體的執著心。

二〇〇三年 SARS 疫情期間，聖嚴師父曾說面對疫情：「要小心、預防，可是不要怕死。」我自己的態度是，寧可安詳地死，不要恐懼地活。

數年前，我在紐約東初禪寺領執，有段時期從三樓下樓，心中常浮現失足的畫面；外出時，也常浮出過馬路被車子撞的影像。那時常不自覺身體緊繃，總是小心翼翼地下樓、戰戰兢兢地過馬路。然而老是擔心不是辦法，必須改變心態，於是轉為「用心」下樓梯、「用心」過馬路。「用心」不是為了防止跌跤、被車子撞，而是當下用心、活在當下，該怎麼做就怎麼做。萬一真的跌下樓或是被車撞，就面對、接受吧！心態調整後，恐懼心便消失了，這是我的親身經驗。究竟來講，一切現象，如夢如幻，無論好夢、惡夢，醒來以後，夢境也就消失了。如果總是抱著擔憂、恐懼心過生活，身心已在受苦了。

〈永嘉證道歌〉云：「不除妄想不求真。」為什麼？因為一旦有所追求、有所排斥，都是意識心的作用，如此，圓滿的心性便無從顯現。還有，生起擔心或追求心，一定有前後念。事實上，當下只有一念，這一念，無所謂好與壞，一定是第二念生起，賦予評斷，接著產生追求、排斥、擔憂或恐懼心。諸如想到病毒、聽到有人談論病毒，或是一想到疫情而身心緊繃，這些都是心感知的現象。現象依因緣法發生，心性則不動如鏡，不會因現象好壞而擾動。疫情也如波浪隨潮汐湧動，海水則不生不滅。

因此，選擇恐懼心或是不擔心，是我們自己可以決定的。然而，如果選擇恐懼心，即使外境轉好，仍是一種不自在的人生，因為憂心、恐懼時，身體是緊繃的，從來沒有人能夠做到舒服與恐懼雙全的生活。所以，不要依賴外境改變來消除恐懼心，外境就是我們自心的顯現。但願眾生都能從疫情學習到如何不恐懼，即使確診，也能甘願；若能甘願，至少能免受恐懼引發的身心之苦。

相由心生，境隨心現

一般人對疫情最深的恐懼，並非確診，而是害怕確診。已經確診者，只想著盡快痊癒，把心思放在醫療、保健或是忍受病苦，反而沒時間恐懼，除非醫生已告知醫療無效。也就是說，恐懼心的影響更甚於確診，因為恐懼心往往是積累、持續的。（編案：本文為二〇二〇年春季談話整理）

從禪修立場而言，凡是對未來擔憂、期待，或對過去追憶、懊惱，都屬於攀緣心，此與安定心背道而馳。面對疫情，遵照醫囑、聽從防疫專家的建議，也不等於全然平安的保障，唯有從知見及心態改變，方能體驗身苦心不苦。

聖嚴師父以前經常感冒，弟子們卻從未見師父愁眉苦臉。師父講經時，即使頭痛、生病，照樣神情自若，對眾說法。師父常說，擔心，無濟於事，反而容易出差錯。我們看待疫情也應如此，不需對疫情過於擔心、操心；身心不安，反而可能造成免疫力下降。所以，該怎麼防護就怎麼防護，如果還是確診，那就甘願接受治療，這是可以選擇的。

一般人以身體為我，首先想活命，進一步想活得舒服，於是對順境汲汲營營、對逆境奮力抵抗。一旦威脅生命的外境無法排除，就會心生恐懼。其實，逆境不見得是壞事，反而因逆境當前，更能激發內在的潛能，順境則較容易使人安逸，停滯不前。

不過，若以恐懼心看待疫情發展，只會加劇恐慌。建議還是以甘願心面對疫情，或以慈悲心祝禱疫情早日結束，出發點則是祈願眾生免受苦難。

從佛法來講，生什麼心，就現什麼境。當你的心處於安定狀態，不會引發散亂的境界。當你的心是歡喜的，不會見到讓你不歡喜的境；即使不歡喜的境出現，也不會成為你專注的焦點。這便是善心所引發善心所，不善心所引發不善心所。

善心所，即如寧靜心、慈悲心，能引發與戒、定、慧相應的善心所，同時引發眾生的善心所，讓大眾更有同理心，也更願意同舟共濟、相互體諒。相反地，如果是埋怨心、憤恨心等不善心所，則會引發瞋心、計較心、指責心，也引發大眾產生擔心、抗拒、對立、指責、不滿等不善心所。

永明延壽禪師云：「法法不相到，法法不相知，法法不相待，法法不相借。」當下只有一念，假如前念沒有消失，後念不會生起。因此，當下的一念，不可能恐懼，也不可能排斥恐懼，因為恐懼與排斥恐懼等感受，都是第二念貼上的標籤。

從性與相的角度來看，疫情現象是有的，但是心性沒有生滅。亦即雖有受報的現象，卻沒有一個「我」在受報；雖有恐懼的現象，卻沒有一個「我」在恐懼。師父晚年生病時，仁俊長老說：「機器壞了！機器壞了！」意思是說，身體僅是工具，有如一部老車，機器零件用久了會耗損，是自然不過的事。雖有生病的現象，卻沒有一個「我」在生病，這是大修行人面對色身破敗，從不憂心、恐懼的道理。

倘若覺得轉有我為無我的「知見」太難，至少要從調整「心態」下手，心態改變了，對「現象」的看法就會不同。

大時空視角

從修行角度來看，這次疫情提供了正視恐懼的機會，讓我們可選擇運用佛法的知見，將疫情危機轉為修行的契機。（編案：本文為二〇二〇年春季談話整理）

如果把時間拉長、空間拉大，從大時空視角來看疫情，比較不會盲從。美國總統川普說，這次疫情將造成美國境內二十萬人死亡。二十萬人死亡，這個數據看起來很嚇人，若從大時空來看，無論是否發生疫情，美國平均每月約有三十萬人往生，只是大家少有這種概念，所以對疫情期間提出的這份數據深感震驚，以為遠遠超過歷年平均值，實則不然。

當我們以身體為我，又因面臨嚴峻疫情，此時心生恐懼、緊張實屬難免，但是不要把全副心力放在保命及保養身體上。從心性的體用看，心性的本質超越時空，能產生種種現象。身體有生、老、病、死的現象，但是心性無生滅。一般人只看到這一世，天眼通則能看到眾生一生又一世的生死流轉。

所謂大時空視角，可藉現代企業經營為喻。現在有許多人都在談永續經營，包括短期、中期及長期營運目標。一般而言，企業設定的短期目標必能銜接中期目標，而中期目標銜接長期目標。有些企業更把短期虧本視為長期營運的一部分，認為這是必要投資，因此對於一時的短收，不會心生恐慌。

然而，更重要的是，企業經營不能違背其核心理念，大方向不能動搖。有位曾在國際知名企業服務的居士分享，他在一家百年龍頭企業任職期間，親眼見識到創業者宏大的格局，但是到了第二代 CEO，因缺乏遠見，推出二次房貸的短利政策，與該企業的經營理念完全悖離，結果誘發企業破產，最終關門大吉。

無論學佛或修禪，一開始就要抱持「永續經營」的心態，而且是盡未來際的永續經營，因為每個人的知見、心態或是習氣，都會延續至未來世。

紐約有位小菩薩，同學搶他位子，他選擇退讓，不與人爭，老師認為他不會保護自己。其實小男孩從小就展現器識，二、三歲時隨父母親近東初禪寺，會主動把壓歲錢除以十份，平等供養法師。有趣的是，他的媽媽如果獨自一人開車來道場，附近繞來繞去，就是找不到停車空位，可是每次只要載他，就有現成的停車格。另有一位臺灣的小菩薩，在學校裡，同學從背後推他，他沒有回手。第二次再發生，他就跟這位同學的媽媽說：「他這樣做，對他自己不好。」這兩位小菩薩，從小不與人爭，懂得為人設想、主動布施，都是前世帶來的好習慣。

知見、心態不同，結果便不同。以「快樂」做比喻，可有不同層次。第一種層次是欲樂，主要以身體為我所產生的樂，這種快樂很受限，當滿足五欲的現象消失，快樂也跟著消失。第二種是定樂，即是身心統一的定樂，能夠不受外境影響，可是定樂依然有其局限，一旦出定則定樂退失。第三種是解脫樂，又稱寂滅樂，這種法喜是空性、心性的體現，已無能所之別。覺悟者體驗到心性才是真正的我，身體不過是工具，基本保養就夠了，多數時間用來開發心性的功能，直至悲智圓滿。

總而言之，身體與環境，都是從心認知、選擇、變現，一切現象都是心中物。只是這種大時空視角的知見，一般人不容易懂，需要長時間熏習，有時好像懂了，卻又經常忘記，或者用不上，至少知道有多一重選擇。畢竟佛性本來就有「佛用」及「眾生用」兩種功能，這部分很值得去探索。

一人一世界

疫情造成許多人心生恐懼，若能懂得「一人一世界」，也能明白「一切現象都是心中物」，那麼我們看待生活與生命，就有不同的選擇。（編案：本文為二〇二〇年春季談話整理）

「一人一世界」，是從心性、佛性的角度來談。然而，佛性在哪裡？印度異見王問波羅提尊者：「佛性在哪裡？」尊者回答：「在胎為身，處世為人。在眼曰見，在耳曰聞。在鼻辨香，在口談論。在手執捉，在足運奔。」意思是說，佛性的功能透過眼睛叫作看，透過耳朵叫作聽，透過鼻子叫作聞，透過手叫拿、持、取等。如同我現在講話，你們在聽，這也是佛性的功能；能講、能聽的本體，就是佛性。

然而，佛性可以計量嗎？我的佛性跟你的佛性，是一個還是兩個？全球有八十億人口，那就有八十億個佛性嗎？要釐清這個問題，就要了解佛性的特質。

以默照禪來說，佛性有「寂」和「照」兩個特質。「寂」是佛性的本質，也就是空性，像虛空一樣，無相、不動，不生滅。「照」指佛性具有見聞覺知的功能，又稱「明」、「靈」、「知」、「自性慧」。簡單地講，佛性就如虛空，這裡的虛空不是頑空，而是有見聞覺知的虛空。你的佛性如虛空，我的佛性也如虛空，虛空是無法劃分的，一萬個虛空和一個虛空都是同一個虛空。

舉例而言，有段時期歐美時興一種週末的 potluck 聚會，朋友相約，各自做一道菜，輪流到每個人家中聚餐，共同分享。雖然每人只負責一道菜，可是分享時，人人都能共享所有的佳餚。佛性也是如此，比如在一個空間裡，張三站著、李四坐著、王五在吃飯……，每人各有造型。而每個人從心性產生身體的相，包括身體的行為、表情、動作等現象，都屬於心性的功能。我們每個人的心性，如江、如鏡，十個人齊聚一堂，每個人都能感知十個人的色相、聲音、味道等，而有他心通者，則能讀到十個人的心念。

再如現代人離不開 3C 產品，以網路社群為例，群組中每人都可從自己的手機、平板或是電腦，各自輸入語言、文字、聲音、影像等各種相，然而人人的螢幕端前，則呈現一個共享的世界。其實，整個網際網路就是一部眾生共享的大電腦。

眾生的佛性，無法計數，也無法劃分，而是共有、共享，我稱之為「一人一世界」，也即是「共享的世界」。在共享的世界中，凡夫因有愛恨情仇，或因立場及角度之不同，因此分別善惡、好壞、喜歡或不喜歡，甚至站隊等，然而從佛性來看，仍不會改變「一人一世界」與「共享的世界」的事實，即使是相互指責、對立、衝突乃至戰爭，依然是「一人一世界」。

凡夫感受的「一人一世界」，建立於五根對五塵的範疇，若能跳開五根、五塵，用默照或話頭方法，從「入流亡所」至「能所雙亡」，進入法身，就能共享覺悟者的寂滅境界，便是所謂的出世間法。事實上，凡夫共享的世間法世界，從未離開出世間法，差別在於凡夫不知自己選擇顛倒知見及操作錯誤方式，以致無法共享覺悟者的寂滅境界。

覺悟者的世界，稱為法身。經上說：「四生九有，同登華藏玄門，八難三塗，共入毘盧性海。」覺悟者的大悲心懷，希望三界一切眾生，都能進入法身世界，共享法身的受用。而禪宗講「萬法歸一」、天台宗講「一念三千」及《楞嚴經》所說有情世間、器世間、世出世間等三種世間，皆是覺性的功能，乃至四聖六凡的十法界，也是覺性的功能。

諸佛的世界，從來都是「一佛一世界」，諸佛不住相，所以佛佛體同、佛佛妙用同。只是從凡夫的角度看諸佛與菩薩，則有願力之不同。如藥師佛願眾生延壽安康；觀音菩薩觀一切音聲，尋聲救苦；地藏菩薩以地獄不空、終不成佛為大願等。其實，諸佛菩薩都是「同見同行」，如《金剛經》所說：「我應滅度一切眾生。滅度一切眾生已，而無有一眾生實滅度者。」

凡夫本來都具有與諸佛「同見同行」的潛能，但是多數人以正報身為我，自然就顯現出與諸佛「異床異夢」，而非「同床異夢」。因此，回頭是岸，看見每個當下不離心性、佛性。諸佛與覺悟者的心是沒有能所分別的，當你開悟了，其他人也開悟了，這時還要不要劃清界線？若無能所，全部都是你，也全部都不是你。

凡夫的世界與覺悟者的世界

我們每天的生活，約有九成活在「相信的世界」，從食、衣、住、行，或是休閒與修行，都是建立在「相信」的基礎上。諸如「相信」食物無毒，「相信」你的家人、親友不會突然暴走、傷害人，也「相信」不會因朋友到訪家中，家裡就有什麼東西不見了，或是老婆跟別人跑了。這些日常，都是建立在「相信」的基礎之上，卻不等於真實。

尤其是「相信」語言，日常我們分享經驗、傳達信息、交流知識或觀念、技術，乃至修學佛法，都需藉助語言的媒介。然而語言並不等於實體的人、事、物，它只是一種信息，讓我們可以參照語言或文字的描述，而循此信息找到或接觸到語言、文字所指向的某個實體或境地。

多數人都非常依賴語言，並且深信語言。但是如果我說：「我在洗手間看到一隻八十公斤的紅老鼠。」百分之百不會有人相信，因為這種說法與日常經驗嚴重不符。如果我說：「我剛從北京搭機回臺北，如何如何……。」大家可能就會相信，因為這句話所指稱的經驗是與常理相符合的。

事實不然。「我剛從北京搭機回臺北」這句話，實際上是播放三小時以前的影像、聲音或是氣味等，而聽者永遠碰觸不到我的經驗。為什麼？第一，無論我如何費盡口舌描述這個過程，也不可能完整複製當時的經驗。第二，你們每個人聽到我這麼說，先是透過耳根，然後連結各自內心的感受與想法，而選擇「相信」或「不相信」，事實上你們永遠碰觸不到我的經驗。

當你看到我的表情或是聽到我講話的聲音，實際上是你們每個人當下的六根經驗。既然是各人當下的六根經驗，自然無法碰觸到我當下的六根經驗。所以，無論我們「相信」或「不相信」他人所講的話，其實根本就是自己的東西，因為每個當下，都是每個人透過六根建立的經驗。

在常人的經驗裡，「相信的世界」是存在的，究竟來講，能信、所信皆空寂；能信的心與所信的境，都是自己心性的功能或動用。有如夢境中的人、事、物，全是自己的識心變現，所有的角色，全由自己扮演，亦即全是自己的體驗。

對覺悟者而言，「相信的世界」根本無從立足，比如「相信」某種價值或信仰是不存在的，因為「法法不相見、法法不相到」，當下只有一念。一般人以為前念還在，生起第二念追逐，如此，「相信」或「不相信」的機制才得以建立。就如有人把草繩當成蛇，「相信」有蛇，此時，你只有順著他的認知，教他如何避免被蛇咬，直到有天他發現，從頭到尾根本沒有蛇，唯有草繩而已。

因此，〈信心銘〉講「信心不二，不二信心」，長慶宗寶禪師說「我不會佛法」。因為如果講「我會佛法」、「我相信佛法」，則代表根本未入信門。凡是有「能信的我」及「所信的佛法」，就有能所；如果還有一個「能信的我」，永遠碰不到「所信的佛法」。

真實的信心是沒有能所的，法爾如是。要如何體驗呢？不要認為你相信的想法、感受、念頭即是真實，即使照樣浮出「相信」或者「不相信」的念頭，不用排除它，只要知道這些想法、感受、念頭，已是消失的前念，慢慢地，這些想法、念頭、感受就會消失，唯有當下的體驗。因此我說，對覺悟者而言，只有「體驗的世界」，沒有「相信的世界」。

問答討論

問：如果「只有體驗的世界，沒有相信的世界」，那麼，究竟有沒有西方極樂世界呢？

答：「相信」有西方極樂世界，是從凡夫的立場而說，可做為修行的動力。從出世法看，無人、無我、無眾生，當然也沒有「相信」的世界。永嘉大師講：「夢裡明明有六趣，覺後空空無大千。」再從《楞嚴經》所說「全妄即真」來看，現象與心性，兩者是體用關係，有如海水與波浪。

究竟講，淨土不在西方、也不在東方，不離東方、也不離西方，全是自心淨土。心淨則國土淨，心淨則處處見淨土。東方、西方只是相對的，就如美國的相對位置是在臺灣的西方，然而你從臺灣乘飛機往東繞行，同樣也可抵達美國。

從凡夫立場來說，先要「相信」有西方世界，也有西方世界可往生，以此做為動力，一步一步修行。倘若真的往生西方極樂世界，便會發現淨土就在自心中。因此，說淨土在西方，或說淨土在自心中，都不是妄語，重點是引導大眾開發究竟的自心淨土。

問：有資訊業者在機械設備旁擺放零食「乖乖」，希望常保機械正常運作。如何看待這種現象？

答：這是臺灣特有文化，據說西方資訊業者也有人放「乖乖」，但我想應該僅限於華人業者。華人相信有鬼神，佛教則講六道眾生，鬼神也需有食物滋養，如吸取食物的精華，屬於段食。在機械設備旁放「乖乖」，類似焰口施食，也如許多商家，初一、十五會拜地基主或土地公等，都是為了保平安，不論有無效果，至少心安。所謂心誠則靈，說到底，「乖乖」也是從心變現，若能使機械故障率減少，那又何妨！

問：今天與同事談如何寫文章，對方問我：「文章寫給誰看？希望讀者看過後有何回饋？留下什麼印象？」我想到自己從未想過「別人如何看我」，當下就冒出「無我」的觀念。請教法師，如何在與人互動中練習超越能所？

答：「別人如何看我」與「他人能夠得到什麼好處」，這是兩種不同思維。「別人如何看我」，是將自他的身體、形相、文字、聲音當成人我，當你想到「別人如何看我」，已經有能所分別。如果轉為「他人能夠得到什麼好處」，知見就能逐漸轉變，儘管還是有「我」，但是「我」的執著會減少一些。

曾經有人對我說：「法師啊，你要宣傳你正在做的事，讓別人知道你做了很多事。」我當時覺得這種自我宣傳根本沒有必要，但是這次談話也提醒我，如果做這些事，能對他人產生一些正面影響，我就應當去做。

這與我原來想要專注做某件事是兩條不同的路。現在則發現，專注做自己的事，與配合他人成事，二者根本沒有抵觸，也不覺得何者讓我更有動力。只是想到，有人希望我去做，我就去做；如果我去做某件事，對他人有好處，那麼我就去做，目的是讓對方生歡喜心。

心性產生相，可以叫作「動力」，或者「功能」，根本還是要朝向無能所，以緣起性空做為努力的目標。

問：親子相處，如何實踐「無我」？

答：基本上，孩子到了十三歲，父母就被「除名」了。小時候張口、閉口都是「媽媽說」，八、九歲改口「同學說」、「老師說」，過了十二、十三歲，自我中心愈來愈強，什麼都是「我說」，也就對父母無感了。

父母若想支配子女，其實是不懂得心性的運作模式，互動則可增進對心性的了解，學習如何讓子女快樂，也讓自己自在。

第一，不求子女順自己的意。這要有「全部都是我」的觀念，自己是正報身，子女是依報身，正、依二報合起來就是大身體，全部都是我。不要把子女當成財產來支配，自己得不到的，希望兒女實現，等於透過下一代補償自己未完成的心願。如果不以子女的快樂為重點，孩子會活得辛苦，父母跟子女結的緣也不會很好。因此要懂得「一切相全是我心中的東西」，透過互動，消弭正、依二報的界線，讓彼此都快樂。

第二，要當子女的幕僚。父母的責任是引導子女建立正確的人生觀，讓孩子知道如何與人相處，大原則是不讓自己受傷，也不讓他人受傷，讓自己快樂，也讓他人快樂。

〈第三講〉

禪的修行

行解相應

禪是整體的佛教，佛教雖有八宗，幾乎每一宗都沒有離開禪宗。通常講八宗時，禪宗是八宗的一宗，聖嚴師父較常用「禪佛教」一詞，來釐清禪宗的內涵。

從禪宗的內涵看，禪是智慧，也是心，包含體用。「體」是一切法最究竟的本質，無論稱心性、空性、佛性，或是法身、真如等，都是「體」的不同稱法而已；「用」是心體發揮種種妙用，所產生的各種現象。每個當下，「用」不離「體」，亦即我們的身心經驗從未離開禪，乃至虛空世界、山河大地，都不離開禪。

禪宗是體驗性的中觀，通常一般人所認知的中觀，只破不立，凡是心有執取就要捨。從禪宗的體用來講，心既不住於有，也不住於無，而是回到心性本質，產生作用，也可說是心性與五蘊的關係，從五蘊現象中，認清什麼才是我的本來面目。

學佛、修禪，都強調行解相應，所謂離知無行、離行無知。如果僅在戒行或禪定下工夫，對空慧的知見不清楚，或是光是解慧而不能修，這都不是學禪的目的，當然也不是原始佛法的本懷。

行解相應，首要是「解」，對教理、觀念要能清楚。觀念也有層次之不同，有「轉惡為善」、有「轉有我為無我」，禪宗則是「轉有修為無修」。「行」是實踐方法，若以楞嚴教理而言，禪宗的默照和話頭方法可直接相應。默照的「觀全身」及話頭的問話頭、參話頭，均與《楞嚴經》的直指人心相應，重點都是不觸事而知、不對緣而照。

禪宗所謂「貴知見，不貴行履」，意在指出，知見不僅僅是觀念，而是一舉手、一投足等生活日用，都要與觀念完全相應。禪宗祖師非常重視知見，有時甚至會給弟子一拳，目的是震懾弟子回到心性的本質。

心性有兩個特質：一個是不動，一個是知或明。能明、能知的心性有無量無邊的功能，所有的認知功能及現象都由心性產生。

心性可感知、選擇、變現現象，我常以「辨別」、「揀選」、「出生」三個詞彙來代替。以思考為例，首先是從記憶庫裡，「揀選」我要的語言、畫面，而在選擇的當下讓現象「出生」，並且「辨別」它是我要的對象。這三種功能，無法分前後，勉強叫作「同時」。

現象，相當於波浪；心性，相當於海水。波浪和海水原是一體，波浪生起後又消失，可是我們覺得它還在，真正的「我」是心性，不動、不生滅。當心性產生功能時，由於我們的注意力習慣聚焦於變化的動相，所以產生幻覺。有如一個旋火輪，由十二顆燈泡組成，視覺上，我們會覺得有一顆燈，從十二點鐘的位置移動到一點鐘的位置，再移動至兩點鐘、三點鐘的位置……。其實是十二點鐘位置的燈亮了又滅；接著，一點鐘位置的燈亮了又滅、兩點鐘位置的燈亮了又滅……，由於視覺暫留，讓我們誤以為有一個燈泡，在旋火輪的十二個燈區相續轉動，目光隨之追逐。

參話頭，就是讓這顆往外攀緣、飄蕩的心，透過一句話頭反問「這是什麼？」，讓往外的攀緣心回到心性。但是反問時，習於飄蕩的攀緣心，不會立即順從，也就是修行與業力會互為較勁，直到修行力勝出，才能反轉業力，最終讓業力停下來。

有如汽車在高速公路奔馳，一旦發生狀況，駕駛必須啟動剎車。而熟練的駕駛不會緊踩剎車不放，而是輕輕踩剎車、然後放掉，再踩、再放，如此一踩一放、一踩一放，最後將車子安全停放路旁。

參話頭反問就像踩剎車，往外的攀緣心具有很強的慣性，只要一反問，它馬上掙脫，接著又是一堆妄念生起。藉由不斷反問，才能讓妄心的反作用力慢慢遞減，直至止息。

因此，參話頭除了要具備信心、願心外，還要學習來果禪師三十年參一支香的精神，保持恆心與耐心，倘若今生不悟，來生繼續，盡未來際不間斷修行。

不追求、不排斥

法鼓山初級禪訓班課程通常會談到禪修的功能，包括：身心健康、身心安定、開發潛能，乃至開悟等。多數人初始學禪都是有所求的，很少人是無所求而來。

有趣的是，初學者往往容易遇到好境界，因為他們不知道禪修過程會發生什麼，只是照著老師教的方法練習。例如腿痛時不管它、發現妄念，馬上回到方法。如此不斷地練習，身體漸漸放鬆了，心也比較安定了。可是有些人妄念很多，跟著妄念跑馬拉松卻渾然不覺，如聖嚴師父所說「看了一場免費的自心電影」。

即使如此，初學者發現妄念，通常會馬上回到方法，也不覺得追逐妄念是種挫敗，漸漸地，好境界出現了。之所以遇上好境界，是因為心無所求，實則不知道要追求什麼，也不認為起妄念是不好的，只知道用方法，勉強叫作「無所求」。

參加長期修行，則免不了要經過腿痛、妄想、昏沉等過程，不過或多或少仍會碰上幾支好香，感到身心舒暢、覺得時間過得很快。一旦有過幾支好香，體驗禪修帶來身心舒暢、寧靜感，就會期待好香再來一支，yesterday once more！於是開始分析，「剛才那支香是怎麼辦到的？」「嗯，應該是坐姿端正、全身放鬆，有妄想拉回來、腿痛不管它，什麼都不要管……。」但是不論怎麼分析，通常好境界已成追憶，反而腿痛、昏沉、妄念席捲而來，這是因為最關鍵的「追求心」是禪眾未曾想過的。

一般人的習性是追求或排斥，只要有追求、有排斥，妄念就會相續。很多人可能要花一、二十年，才會發現禪修的關鍵點是不追求，也不排斥。

禪修時，無論境界好壞，都是當生當滅，想要複製過去的經驗是不可能的，要追求也是追求不到的，只不過是產生一個新的妄念，稱為妄心。

曾經有位學員告訴我，禪三前，他花了上萬元買了藥酒泡腳，說是專門對治腿痛，保證可連續坐上六小時。他認為這筆錢花得值得，一來可連坐六小時，二來可讓監香法師刮目相看。可惜事與願違，他的腿痛得不得了，第一天痛、第二天痛，到了第三天，禪三都要結束了，腿還在痛。於是美夢徹底破滅，再也不求了，結果第一支好香終於出現！不過，雖有這次體驗，他可能尚未明白：放下追求心，既不期待好境界，也不排斥壞境界，才是真正的好香。

《信心銘》講「至道無難，唯嫌揀擇」，意指禪修的障礙就在追求與排斥。〈永嘉證道歌〉云「絕學無為閒道人，不除妄想不求真」，同樣也強調不追求、不排斥。禪修時發現妄念，而把注意力收回到方法上，目的不是為了除妄想，而是專注於用方法。如果是為了除妄想，就是有所追求、有所排斥，即是貪、瞋。即使不追求五欲，而想得到寧靜、舒暢感，仍是追求心。

遇到任何境界，不追求，也不排斥，可能已有禪修工夫，進一步要提起「不跟」、「不壓」原則，境界任它來、任它去。知道自己在打坐，知道自己在走路，一舉手、一抬足全都清清楚楚。把握這個原則，沒有想要轉變任何現象，就是具體的操作方法。

除心不除境

禪七期間，如果頭痛，如何看待？可以讓它痛，也可以想辦法消解頭痛。有位禪眾試了幾天「讓它痛」的方法，後來頭是不痛了，但排斥心仍在，最後還是得吃止痛藥。有人聞到異味，要求換位置，我說不管它，只管打坐。花心思排除不舒服的外境，便是一般人面對外境不合意時，所採取的「除境不除心」。

以我自身為例，我常在乘車空檔默念焰口施食文，施食經文很長，默念至少要一小時。有時，擔任駕駛的居士會一邊開車、一邊與其他乘客聊天。剛開始，我為了專注默念，刻意不注意他們的談話，結果反而更不容易專注。後來發現「不管它」才是最好的方法，他們講他們的，我背我的，互不干擾。

這與聖嚴師父所說「打呼妙方」故事有異曲同工之妙。有次禪三，某位學員知道自己會打呼，很識相地等大家都睡了自己才睡。沒想到他錯估形勢，以為室友都入睡了，他也安心睡覺了，沒多久，陣陣鼾聲響起。而有位尚在輾轉難眠的室友，本來睡不著已經很煩惱了，結果聽到有人鼾聲大作，當下起了瞋心，憤而起床開燈。意思是你不讓我睡，我也不讓你睡，後來這兩位學員幾乎要打起來。我就借用師父的開示勸勉：「有人打呼，你就把它當成背景音樂，他打他的呼，你還是睡你的覺。」結果非常奏效，從此相安無事。

有妄念生起，不要心生排斥，就在妄念中，選擇自己專注的對象。若是心生排斥，則是後念追逐前念。中峰禪師說，想要除昏散，是錯誤的第一步；能夠除掉妄念，很歡喜，這是第二個錯誤；妄念除不了，感到沮喪，這是第三個錯誤。

常人容易對境生心，無論追求心或是排斥心，已經有能所，已是第二念追逐前念。實際上，前念消失，後念才能生起，當下只有一念。舉例來說，假設第一念是「手掌」，第二念是「拳頭」，試問：「拳頭」追得上「手掌」嗎？當「拳頭」出現的時候，「手掌」已消失，還能怎麼追？錯就錯在我們以為前一念「手掌」的相還在，所以想要追前念，這就是妄念相續。只要有追求、有排斥，就不可能回到無能所的圓滿心性。

可惜一般人即使知道這個道理，追求心與排斥心的習性仍是照樣運作。有位菩薩既修禪也修淨土，認為自己買了雙保險，萬一修禪不成，還有西方淨土可去。我說，修行又不是做生意，還能打包票？後來他經過教理熏習後，不再買雙保險，可是追求與排斥心還是有的。

修行重在「除心不除境」，更要鍥而不捨。我在學禪初期，讀到來果禪師語錄說，一支香要參三十年，從此發願照著去做。後來又聽到師父講，《楞嚴經》修成二十五圓通法門的諸大菩薩，每個法門都要修上六十劫，於是再加碼發願用六十劫來修。一劫怎麼算法？很簡單，一顆巨石，每一百年拿菜瓜布刷一下，刷到巨石成灰，那就是一小劫。

現代人追求速效，修行不到幾個月就想成佛，這是笑話。禪的修行無法速成，過程即是結果，當重知見與心態。

妄心與妄念

聖嚴師父主持禪七時，提到修默照、話頭有三個要訣：一、不追求善念，也不排斥惡念。即《六祖壇經》所說「不思善、不思惡」，分別善惡，都是妄念，有相皆妄。二、不排斥妄念、不追求定。妄念是較粗的心念，定是較細的心念。三、不把自我放進去。

至於用方法，也有三要訣：一、只有方法，沒有妄念。二、只有方法，不管妄念。三、不管妄念，回到方法。

很多人誤以為禪修的目的是沒有妄念，因此用話頭或默照來打壓妄念。事實上，想打壓妄念，已違背禪的原則，因為當你發現妄念，妄念已經消失，根本無從打壓。有些人則是想打壓妄念，結果變成控制呼吸。禪修期間，不論有沒有妄念，唯一要做的，就是用方法，到最後只剩下「用方法」的這個妄念，不再有其他妄念。

想要打壓妄念的這種心態，已不是妄念而已，而是一種妄心；妄心與妄念，哪裡不同？

心的最小單位是念，妄心則是一種心態。假設一分鐘有一千個妄念，一分鐘的排斥心就有一千個排斥心態的妄念。比如：「他很糟糕啊，事情明明不是這樣，他怎麼可以這樣子……。」排斥心背後的力量是無明，念頭裡根本沒有人、我，要除的是錯誤認知而生的妄心，不是除妄念。

小參時，有人提到捨不掉某些妄念。重點不是捨妄念，而是捨去取捨心。很多人誤解師父所說「只有方法，沒有妄念」，以為沒有妄念是衡量標準，而錯用心思，專門對治妄念。心本來沒有妄念，很多人把妄念視為仇敵，這是錯用心了，關鍵是取捨心，「不除妄想不求真」，要不取、不捨。禪修的過程是藉安定的心，觀自心有無取捨，而不是沒有妄念。

《六祖壇經》云：「一念絕即死，別處受生，是為大錯。」沒有妄念只是一種定境，一旦定力退失，立即隨業流轉。追求沒有妄念是生滅心、攀緣心，修話頭或修默照是不怕妄念的。

因此宏智禪師說：「外不被因緣流轉，其心虛則容，其照妙則準。內無攀緣之思，廓然獨存而不昏，靈然絕待而自得。」「外不被因緣流轉」，是我們的心不透過五根往外緣五塵；「內無攀緣之思」，我們的心不依意根向內攀緣法塵。也就是「外不放入、內不放出」，收攝六根，回到心性。

往外、往內都不碰觸，如默照的不觸，或是話頭藉著反問而放下能所。默照透過放捨諸相，達到平等普照。有些人用默照，清楚知道自己在打坐，這還是有對象、局部的「照」，只是「照」的範圍比較大一點而已。「默照」是三輪體空、平等地照。凡是有我、有你，有能照、所照，就不是平等地照。沒有眾生、沒有你我，才是平等地照。如同太陽，無所照而無所不照，是為普照。只要還在追求沒有妄念、排斥妄念，都是有能所，不是平等心。

有人以為自己體驗到「靈然獨照」的經驗，可是只要一注意、一感覺，境界就消失了。禪修時，只要生起某種「感覺」，仍是取捨心，即使修成，至多是入定。一般修定法是把心安於一個所緣境，對境不生取捨，回到方法。

至於「不把自我放進去」，意思是無我。一切現象都是自心的東西，想法、感受、心中浮出的畫面、語言，全是心感知、選擇、變現的，所以「全部都是我」；而現象會生滅，也「全都不是我」。真正的「我」是心性，心性即空性，無相而無不相，不要把生滅的現象當成「我」。

法鼓山退居方丈果東法師常說：「道理都知道，境界來時做不到。」為什麼做不到？那是因為當下沒想到、不知道。取捨，發生在每個當下，需有定力才能想到、看到；看到、想到後，還要不斷練習不取、不捨，日積月累，才有真工夫。

念佛方法

禪宗，不論曹洞宗或是臨濟宗，都有念佛法門，不論哪一宗，念佛則有佛菩薩加持。禪宗念佛的重點不是去西方淨土，而是修「念佛三昧」，然而禪宗並不否定西方淨土，因為西方淨土也有唯心淨土，如常寂光淨土就是唯心淨土。可說沒有一個淨土離開心，不可能離開心而有淨土，嚴格來講就是自心淨土。

基本上，常人每天的生活，多半處於魂不守舍的狀態，識心在內外六塵遊蕩。《華嚴經》云，眾生心都在色、聲、香、味、觸的五個聚落遊蕩，最終滅頂於這五個聚落的波浪上。

念佛，能夠讓我們收心、攝心、安心、放心。安心是止的工夫，一般基礎修行，如果缺少一個心安住的對象，很容易跟著妄念跑，若把妄念當真，則妄念相續。所以念佛的功能，是讓我們的心安住於佛號上，先有止的工夫，才能生起與觀照相應的操作。

念佛時，我們的心仍會被妄念拉走，一旦發現妄念，再回到方法。其實佛號也是一種妄念，如同把所有波浪集中在同一個波浪，這個波浪就是佛號。所以，不要害怕妄念，任何一個妄念都不離心性，如同任何波浪都離不開海水。

有人覺得念佛法門很不容易修，因為妄念多，讀經反而比較容易，因為讀經時妄念少。事實上，讀經時，妄念往往參雜其中，只是較不容易覺察，並不是妄念少；念佛時，佛號聲中參雜其他妄念，則比較容易發現。此外，讀經時，往往需保有一段不受干擾的時間，念佛則隨時隨地可念，即使中斷了，發覺後再拉回來就好。

當念佛成為一種習慣，就能體驗到全部都是佛號。如蕅益智旭大師自述，他在與人談講話時，還是有妄念，但妄念都是佛號；不講話時，也全部都是佛號。佛號本質上也是妄念，在妄念中，端看自己能否做主。

修念佛法門，要朝向自主。會變動的現象叫作無常，因為無常，所以能夠變化萬千。在變化萬千中，眾生會把無常的現象當成「我」，把無知無覺的妄念當成有見、聞、覺、知的心性，逐妄波而不息，所以流浪生死。

知見的改變，就在於增強心的自主性，稱為「隨處做主」。眾生與覺悟者的心性並無二致，區別就在能否做主。曾有軍閥持槍逼虛雲老和尚屈服，老和尚說：「要我心生恐怖，比登天還難。」一般人面對身家性命受威脅，則是不起恐怖心比登天還難。

其實，心生恐怖與心無恐懼都是心性的功能，一般人習於執取色相，在現象中分別自他。一旦認為現象中有人我之別，把妄念當真，心性由悟轉迷，也就做不了主。因此，一心念佛是過程，最終仍要朝向心性自主，隨緣認得性。哪怕是煮飯，也要朝向自主，是你的心性在煮飯，能煮、所煮都是你，皆空寂。

眾生習慣把妄念當真，追逐已經消失的前念，所以能所不斷。禪宗不追妄念，以心性為我。而從「以妄念為我」到「以心性為我」，即是修行的重點，念佛也是一樣。

所以，全部都是妄念，念佛也是妄念。當妄念浮出時，若能與正知見的操作相應，那就不只是妄念了。有人一提起佛號，即與正知見的操作相應，有人則只是一個妄念而已。區別就在於，是順著妄念相續，還是提起正知見操作。

四念住與默照

四念住與默照，有同有異。相同處，兩者都是觀身、受、心、法，觀時都是清楚一切現象，但不改變現象；不同處，默照的「只管打坐」是同時觀身、受、心、法，稱為總相觀，四念住則屬於個別觀。

一、身念住

修四念住的方法，通常靜態打坐時，以體驗呼吸為基礎方法，長呼吸時知道是長呼吸，短呼吸時知道是短呼吸。動態行禪，則走路時，清楚知道自己在走路；起身時，清楚知道自己起身；站立時，清楚知道自己站立；伸手時，清楚知道自己伸手；坐定時，清楚知道自己坐著的感覺變化；臥躺時，清楚知道自己整個身體的動作及感覺變化過程。

呼吸與行、住、坐、臥，都屬於身體。呼吸是微細的身體，身體動作及感覺變化屬於粗重的身體，故在靜態打坐時，覺察呼吸的進出較容易，而在行、住、坐、臥的動態中，要觀呼吸較難，因此轉為觀察身體的動作及感覺變化；覺察身體，也包括放鬆身體。

二、受念住

身念住成就後，身體的負擔或感覺消失了，此時，心處於很安定的狀態，覺察力轉為敏銳、清晰，此時可進一步修受念住。

受念住，有身受及心受兩種。身受又分為樂受、苦受、不苦不樂受三種，心受則有苦、樂、憂、喜、捨五種。

心中生起苦受時，清清楚楚覺察苦受；生起樂受，清清楚楚覺察樂受；不苦不樂受時，清清楚楚覺察不苦不樂受。

三、心念住

同樣地，透過不斷地觀照，受念住愈來愈細，這時開始觀心念住。心念分成十六種，例如有貪心時，知「有貪心」，離貪心時，知「離貪心」。其餘尚有：有瞋心、離瞋心、有癡心、離癡心、昏昧心、散亂心、廣大心、不廣大心、有上心、無上心、得定心、無定心、解脫心、未解脫心。不論什麼心出現，當下即能覺察。這些不同的心所，其實是三界心與解脫界心的細分，細分的目的在於只是看清，無論再細、再好的心念，都不存有任何貪著或排斥，因為法法平等。

四、法念住

法念住是將身、受、心，分為內六處、五蘊、五蓋、七覺支、四聖諦，透過觀照諸法的生滅、無常、無我，斷除貪愛、取捨、無明的執著，最後證入涅槃。

內六處，即眼、耳、鼻、舌、身、意；五蓋指貪欲、瞋恚、睡眠、掉悔、疑；

七覺支指念、擇法、精進、喜、輕安、定、捨；四聖諦則是苦應知、集應斷、滅應證、道應修。

四念住的操作，從身念住開始，打坐時體驗呼吸，下座則清楚動作。首先清楚動作和感覺，方法熟練後，感知範圍會逐漸擴大，漸漸地，出入息長短、粗細都清清楚楚，及至粗重的妄念也都能覺察。當我們的心很安定時，能夠清楚覺察身根的動靜，慢慢地，呼吸的氣息愈來愈微細，微細到難以察覺，此時即可修受念住。當我們的心對感受的覺察愈來愈微細，乃至所有的感受漸漸不明顯，接下來，心念住就分明了。

修四念住的重點，不在改變現象，而是在身、受、心、法的生滅現象中修觀，猶如水中觀水。修觀時，只是清楚知道一切現象，但不改變任何現象，不企圖把短呼吸轉為長呼吸，不把苦受變為樂受，不把瞋心轉為不瞋心。

為何不改變現象？第一，凡夫只能看到念頭的滅相，例如發覺呼吸短而想轉為呼吸長，已是相續的第二念。有人很努力想要降伏妄念，結果心安定了，以為對治妄念成功，其實是寧靜心勝出。寧靜心、散亂心等各種各樣的心都是生滅的；對治已消失的妄念，試圖改變現象，都不離能所。修四念住與默照的重點，都不在改變現象。

第二，觀身、受、心、法的現象只是現象，裡頭並沒有「我」。雖有苦受的現象，裡頭並沒有一個「我」在受苦；雖有貪心的現象，並沒有一個「我」在起貪心。

四念住，並非只是修定，而與默照法門同屬於修定之時也修慧，主要側重於慧，觀身、受、心、法的無常、無我，乃是定慧雙修，不與生活脫節。持續修四念住，會體驗到身心安定及舒適感，卻可能對定境心生貪著，無法融入正常生活。因此要記住，修四念住或默照法門，重點不在修定，而是定慧等持。

聖嚴師父常說，日常生活中，要能觀照自己「起什麼感受、動什麼念頭」，這與觀受念住、心念住相近，但仍需以身念住做為基礎。人來我往中，若能時時觀「身在哪裡，心在那裡」，以身念住做為止的修行基礎，進一步觀察「起什麼感受，動什麼念頭」，則面對外境不合意起瞋心時，便能很快察覺。真正的高手，則是煩惱心生起，尚未表現於身、口行為，就已經降伏了。

修四念住與其他禪觀的重點，都在於除我貪、我瞋的「我」。常人往往不知道是自己選擇生氣，也不知與人理論時，是辯解心、勝負心強出頭，更不知這些心所都是建立於人我的分別。《六祖壇經》云：「自悟修行，不在於諍；若諍先後，即同迷人。不斷勝負，卻增我法，不離四相。」與人爭論對錯，我相、人相、眾生相、壽者相等分別四相，唯增不減，此時業力輕鬆取勝，修行力則一朝潰敗，不可不慎。

禪宗與南傳止觀同異

禪宗的默照、話頭法門，均不離止觀，乃是止觀雙運、止觀同時。

南傳止觀或傳統止觀，屬於次第止觀。所謂「止」，是以一個所緣境做為專注的對象，讓我們的心得以收攝、安住，比如數息、隨息、念佛等，都屬於所緣境的修法。未修行前，我們的六根躁動不安，即如佛陀譬喻的六種動物：狗、鳥、魚、猴、狐狸、蛇。狗好入村莊，鳥常在空中飛，魚樂於水中游，猴子喜在山林遊蕩，狐狸總在墳間出沒，蛇則到處鑽洞。凡夫的六根習性，則是眼想看、耳想聽、鼻想聞、舌想嘗味、身想接觸感覺、意念胡思亂想，時刻不離攀緣。修行就如同用一條繩索，將六根繫於一根柱子，六根攀緣時，就用繩子把它們拉回來。慢慢地，六根的野性被繩、柱馴服，飄蕩的心被安在同一個所緣境上，直至心安定，也就是止的工夫。

觀的方法，如數息觀、不淨觀、因緣觀、慈悲觀、界分別觀（念佛觀），稱為五停心觀。五停心雖是觀的方法，實則是把散亂心收回來，先止而後觀。

南傳對禪定的修持，次第非常清楚，將修定的方法稱為業處。為什麼要這樣修？猶如水與泥沙攪和，混濁不清，必須先使汙泥沉澱，才能逐漸使水澄清。通過止，讓心安定；但在定中，心安於所緣境上，無法動用觀的力量，必須退定，才能動用觀的力量。退至未到地定時，止的力量仍在，但已不受約束，此時便可修觀。

心安定後，才能觀無常、無我，開發觀慧。透過觀，則發現所有現象生滅不已。觀的對象可分為名、色二類，實際上即色、受、想、行、識五蘊的另一種分類法。「色法」是色蘊，「名法」即心念運作的受、想、行、識四蘊，因為沒有具體形體，姑且藉語言文字來標示、稱名。

名、色二法，都是無常、變化的，色、受、想、行、識的五蘊現象，生起後即消失。比如「色」，心中跑出一個妄想的畫面，生起又消失；「受」，感受也是生起又消失；「想」是想到什麼，就去記憶庫裡調取相關檔案，同樣也是生起即消失。「行」則有二類，一類是比較粗的「行為」，一類是比較微細的「行蘊」，讓身體可以活命，就如新陳代謝。阿羅漢修成滅受想定，到這個程度，就可以把身體整個「關機」，坐脫立亡。

修止能入定，修觀能開發智慧。南傳側重修止，入定、退定，再修觀。如緬甸的帕奧禪師特別注重修止，他教導禪眾至少要修到第四禪，再從第四禪退至第三禪、第二禪、初禪，逐次退出後，才開始修觀，共有十六觀，稱為十六觀智，每個層次的核心都是觀無常、無我，非常精準。

十六觀智的第十一觀叫作行捨智，相當於默照禪法的放捨諸相。行捨智，巴利文 sankhārupekkha-ñāṇa，意思是平等的照，不取、不住，稱為「行捨智」。

禪宗的默照法門，則是修行至「觀全身」時，從有對象的觀轉為沒有對象的觀，這是關鍵。很多人打默照禪，追求寧靜、舒暢，停留在沒有妄想的狀態，這是一大誤區。默照，不是沒有妄想，而是心不停留在任何地方；不論有妄想、沒妄想，都不停留。妄想是什麼？心中浮現的語言相、畫面相是妄想，腿痛是妄想，感到寧靜、舒暢也是妄想，就連「我沒有妄想」也是妄想……，只要有對象，就是妄想。心不停留在任何地方，便是「入流亡所」的關鍵。默照禪法，是沒有對象的照，練習「不觸事而知，不對緣而照」，不斷放捨，這是平常一切境中，都可以修的。

禪宗的止觀雙運與南傳的次第止觀不同。禪宗的止觀雙運，不從現象面的無常、無我觀起，而是直觀心性。從默照而言，心性有兩種特質，一是「照」，叫作自性慧；一是「默」，叫作自性定。聖嚴師父平時雖也常講無常、無我觀，實際操作是運用大乘義理，直接用默照的方法，回到心性本身。

用默照，轉眾生用為佛用

禪宗很少深入描述四禪八定，而是直接轉「眾生用」為「佛用」，或從「迷用」轉成「悟用」。《六祖壇經》講，凡夫是眾生用、迷用，開悟者則是佛用、悟用。二者最大的差別，眾生用、迷用是有能所的，佛用、悟用則無能所。

凡夫的攀緣心是有對象的知。禪修時透過所緣境，讓禪者的心從散亂的對象收回到單一對象，這是有對象的知，只要有所緣境、有專注對象，就不離能所，離不開十二因緣流轉。即便達到一心，仍未脫離三界，比如禪定天，仍是有對象的，只是從散亂心進入一心；修到四空定，也還是有對象。

記得二〇〇一年的禪四十九，有位女眾一支香可坐上十幾個小時，體驗到武俠小說所稱「三花聚頂」境界：精、氣、神集中於百會穴。然而她的禪定工夫並沒有受到聖嚴師父認可，因為默照的重點並非修定。

師父教導的默照禪有六層次：一、放鬆身心；二、體驗呼吸；三、觀全身；

四、觀環境；五、直觀；六、空觀，亦稱絕觀。這六個層次，體驗呼吸和觀全身是分水嶺。放鬆身心、觀呼吸，屬於有所緣境，觀全身則是從有所緣轉為無所緣。

默照有兩個大原則：一，不住，心不停留在任何地方；二，不續，斷取捨心。此外，默照的重點在「默」：默自他，默相續。

默照的「默」是體，「照」是用。有人問：「修默照，如何加強照的力量？」其實，用心在「默」，不在「照」。「照」是人人本具的功能，任何時候，「照」的功能從未消失。師父早期於臺、美兩地奔波弘法，返臺當日往往就安排行程。開會時，師父即使打瞌睡，照樣可清楚做決策。虛雲老和尚也是如此，有一回，小和尚趁他打瞌睡時，偷吃佛龕前的水果，當場挨喝斥。小和尚問：「老和尚不是在睡覺嗎？」老和尚答：「什麼睡覺！我連你在想什麼都知道！」

曾經有位禪眾坐禪時，身體的覺受消失了，經驗到鳥鳴、風聲均從自心顯現。有這種統一心的體驗很好，但不即是開悟。對於尚未經驗統一心的禪者，要了解心中浮出的妄想，出現即消失，用功方法是不住、不續，而不是讓自己沒有妄念。

凡夫的業力如同高速奔馳的汽車，只要不加油，車子遲早會停下來。業力之所以妄動、相續，是因攀緣心不止，所以停不下來。師父說「默，是不要被影響」，意思是不續、不觸，這是大原則。煩惱是因現前一念去碰觸對象，不論碰觸的是妄念或是外境的人、事、物，只要有觸，無明能所的業力就停不下來。

用話頭，返妄歸真

《楞嚴經》講，真心因一念妄動，「從真起妄」，參話頭，則是要「返妄歸真」。「從真起妄」的迷惑過程，可用十二個字概括，即「無明、能所、虛空、世界、眾生、業果」。

這種迷惑過程，使得凡夫妄認身體為我，誤以為心在身內，因此我們的心透過六根，不斷於外五塵及內法塵來回遊蕩，《楞嚴經》稱此為「攀緣心」。由於攀緣心的作用，讓我們覺得有個主體在身體、感受、想法、念頭等身心現象，以及內外時空中穿梭，故以五蘊組成的身體為「我」，想法、感受、念頭是「我的」，即聖嚴師父常講的「自我中心」。

所謂「妄」，是念念生滅中，前念成為所知境，後念轉為能知的心，產生能所，這是一切妄想運作的基礎。用話頭「返妄歸真」的過程，先是身心統一或是身體的感覺消失了，進而內外統一，外在的山河大地不見了，直至大地落沉，虛空粉碎。所謂「大地落沉」，是指任何時候，走路、吃飯，都是抬頭不見天、低頭不見地，外境消失但仍有虛空存在，直至「虛空粉碎」，真心顯現。

參話頭時，用攀緣心問「什麼是無？」或是「拖著死屍的是誰？」在問的過程中，攀緣心仍不斷變化出虛空、世界、眾生、業果，這是凡夫每個當下都在發生的，一念之中，就有無量的生滅化現於虛空世界，除非打破虛空，能所雙亡。

參話頭反問時，攀緣心仍不斷往內外塵攀緣，因此師父指出，此時心中浮現的任何答案都是錯的，因為所有的答案都不離攀緣心，也就是能所的虛妄生滅心。這個階段，是單純藉由反問，消融往內、往外的攀緣心，即生生滅滅的妄想心。在反參過程中，只要稍一疏忽，各種妄念或感受的攀緣心就會冒出來。

參話頭時，如果起了大情緒，此時不需轉變心中浮出的各種念頭、想法。當妄念愈來愈少時，可能會突然出現一些美好的經驗，比如類似默照「觀全身」的身心統一感受，或是突然間想通了某個佛法觀念，此時怎麼辦？

禪宗比喻，獅子追小牛時，路旁出現一隻長頸鹿，這時，獅子是不換目標的，直追小牛。參話頭，要以獅子追小牛的精神，不換目標，也不能換目標，只管用話頭。

參話頭的大原則是不跟、不壓。參時，不論出現多麼惱人或是多麼美好的感受、想法、境界，要記住這些都是「妄想長頸鹿」，繼續參話頭，不要壓制它、期待它消失，也不要隨著它相續。

妄想如波浪，是心性的海水變現的，波浪雖有能所，終究不離海水。用話頭是直探海水，而參話頭，則是在無量無邊的波浪中把海水找出來，因此禪堂稱為「選佛場」，意思是從波浪中把佛性選出來。

佛性，是沒有能所的心。沒有能所的知，叫作智慧心，是理體；有能所的知，叫作「業識」。透過參話頭，反聞聞自性，轉化能所相續的業識，照見能所雙亡。所以用話頭問「念佛的是誰？」「拖著死屍的是誰？」，轉化能所的運作模式。

有能所的業識非常精進，從不休息。來果禪師說，修話頭方法，初始是起床先刷牙、再提話頭，過程是先提話頭、再刷牙，到最後則是話頭和刷牙不知哪個先、哪個後，進入吃不知吃、睡不知睡的境地。只有話頭和業力同等精進，方能「此消彼長」——業識消弱而話頭的力量增強。

來果禪師也曾以走路為喻，原來路上來來往往的行人絡繹不絕，「行人」指業力、妄想；漸漸地，行人愈來愈少，為什麼？因為順著業力運作的妄想轉為話頭。但是只要以身體為「我」、有心境對立，基本上就是順隨業力。要參到不知身在何處，話頭的力量才可能逐漸取代業力。

參話頭期間，會出現許多歧途，業識和話頭彼此角力，浮現各種奇怪的妄想來干擾你、誘惑你。以我自己參話頭為例，有一天突然覺得非常累，類似三天三夜沒睡覺那樣疲憊。心想糟糕！一定是用力過猛，不如先睡個覺吧！等睡飽了，再調整參話頭的力道。結果一轉身，疲累感瞬間消失。

所有的感受、念頭、境界，全是干擾我們繼續用話頭的「妄想長頸鹿」，同樣地，誘惑也很容易使話頭中斷。比如，原本想不通的佛法觀念突然冒出來、突然間想通了，這也是「妄想長頸鹿」。

所以，參話頭過程中，不論境界好壞，原則始終是不跟、不壓，知道它是妄想，「佛來佛斬、魔來魔斬」，直至能所雙亡。「斬」的意思不是壓制，而是用話頭反問。要注意，用話頭壓制妄想是錯誤的，壓制是有能所的操作，用能知的心，想得到一個所知的寧靜。參話頭不是讓妄想消失，若以「沒有妄想」來衡量，那是黑山鬼窟、冷水泡石頭。

參話頭只是反問：「那是什麼？」而且不斷反問。反問的力量和能所的慣性永遠是此消彼長，必須要隨時隨地用方法，因為業力永遠在精進。凡夫以身體為基準點建立身心世界，覺得心在身內，當我們的心是從身體的位置往外看，就有能看的「我」和所見的對象，這就是無明能所、業力相續，一般人就在不知不覺中被業力帶著流轉。

師父曾於書中提到搬書的經驗，過程中，師父提起話頭，反問「搬書的是誰？」結果搬書整整三小時，卻不感覺自己在搬書。我們讀到這段描述，不要以為師父運氣好，一反問就身心脫落，那是師父長年用功，提話頭的力量才會那般強勁。只有反問到能所雙亡，身心脫落，才能體驗到心不住於任何地方，也不離開任何地方。

生活三昧

馬祖道一禪師曾說：「一切眾生，從無量劫來，不出法性三昧，長在法性三昧中，著衣喫飯，言談祇對。」意思是說，眾生都在三昧中穿衣、吃飯、過生活。但為什麼我們感受不到呢？

三昧，是梵文samādhi的轉譯，也譯作「三摩地」，印度佛教時期的意涵是禪定，大乘時期轉為定慧等持之意，中國禪宗則常以「禪」字取代定慧等持。

生活三昧的例子很多。華嚴四祖清涼國師在五台山修行時，有天晚上，聽到鄰房徹夜誦讀《華嚴經》八十卷，字字分明，隔日清晨卻發現鄰地根本無房也無人，原來那是他自己誦經，入「華嚴三昧」。另有太虛大師閉關入「閱藏三昧」、智者大師讀《法華經》至「是真精進，是名真法供養如來」時，入「法華三昧」。

聖嚴師父也曾舉例，有位將軍從新北市的五股一路散步，傍晚時有人問他：「這是哪裡啊？」他說：「我正想問你呢。」原來他已步行至臺中，距離五股約二百公里。常人一小時可走四公里，兩百公里至少要走上兩天，可是他當天就走到臺中，這是「走路三昧」。

從心性的角度，凡夫的一生都是在三昧中穿衣、吃飯、睡覺，就連吵架、玩手機、看電視，也不離三昧功能，屬於「低階版」貪、瞋、癡的生活三昧。禪修時，收心、攝心、一心，屬於「中階版」生活三昧，無心則是「高階版」生活三昧。

舉例來說，師父一天工作十八個小時，可從寫文章，隨時轉場會客、開會、開示、上殿等。一般人要「隨時轉場」並不容易，尤其是轉場面對自己不喜歡、不甘願的人事物更難。像師父這樣自在轉場，又不離心無所住而生其心，是三昧功能的高階版。一般人其實也是隨時、隨處轉場，一下子看電腦，一下子聊天，一下子玩手機，一下子做白日夢，卻是順十二因緣流轉的「山寨版」三昧。

經典中常提到「海印三昧」，屬於定慧等持，這是默照禪的修行結果。行者用功時，不斷放捨諸相，心不停留於任何地方，能所雙亡，入海印三昧。此時心性廣大無邊，如大海映現一切波浪，又如太陽普照世間萬物。

從師父教導默照禪的第三層次「觀全身」或是放捨諸相的過程，首先是身體與心的界線逐漸消失或模糊，即身體的負擔消失。此時，心的感知範圍會擴大到整個環境，便進入第四層次「觀環境」，以環境裡的聲音為對象，但不特別注意是什麼聲音，而是被動的知道聲音，非主動去分別聲音。

禪七時，有人聽到風聲、鳥叫聲，卻無從辨別聲音從哪個方位傳來，這是因為身體的感覺消失了，聞聲已不是透過耳根，而是心感知的。漸漸地，環境的聲音也消失了，即內外合一、心與環境統一。最後，環境也消失了，即禪宗講的「大地落沉」，此時仍存有虛空，有能知的心和所知的虛空。直到「虛空粉碎」，較微細的能所——虛空也消失了，能所雙亡，而真正的空性——有覺知的真空，或「寂而常照、照而常寂」的覺性顯現，此時，心性無所照而無所不照，有如太陽普照而無不照。

無能所的心性即是高階三昧，任何時間都是無能所，但是凡夫透過五根對外攀緣，總覺得有「所」感知的色相、聲相，以及「能」感知的心性。有能所需有二念，前念已消失稱「所」，即所知的現象；而現前一念稱為「能」，即能知的心。

經上說，每一念皆有生、住、異、滅四相或四個階段，而凡夫的心太粗，看不到念頭的生相，只能看到滅相，誤以為前念還在，不斷用現前一念去回應前念，如此能所不斷，輪迴生死。有如狗追尾巴，即便窮追不捨，也永遠追不到。

一旦能所雙亡，心即如大海普映一切現象，便能體會「一切相全是我心中的東西，卻也全都不是我」，即僧肇禪師所云「聖人無己、靡所不己」，也如洞山良价禪師觀溪水倒影所說「渠今正是我，我今不是渠」。若再配合《楞嚴經》十番顯見的「見性不分」，所有的物與覺性無分界線，波浪不離海水，現象不離空性，有波浪或現象的生滅，海水與空性則是無相、不生滅。

因此日常生活中，不論見到張三的色相、聽到李四的聲音，或是環境中所有人、事、物，全都是心感知的，全都是自心物，全部都是我。這些色相、聲相裡沒有人我，僅是物質現象，直正的「我」是操控布袋戲的那隻手，臨濟禪師稱為「無位真人」。

唐朝龐蘊居士語錄說道：「日用事無別，唯吾自偶諧。頭頭非取捨，處處勿張乖。朱紫誰為號，丘山絕點埃。神通並妙用，運水及搬柴。」「日用事無別」，是指一切現象，全是海水與波浪的關係，有如夢境，全是自導自演。

「唯吾自偶諧」，意思是這些如幻如夢的動用現象，都是「我」扮演的。從走路到休息，再到情緒波動，這些變化的身心現象，都不離波浪與海水的關係，即使散亂心，乃是心性所生的動用與功能。

「神通並妙用」，指應無所住；心不住、不停留於任何對象，也就不會聚焦於自己的身體、想法、感受，而把色身、感受、想法當成「我」或是「我的」，師父稱此為「小耳朵」、「小眼睛」。悟者了知「現象通通有，人我是非不見了」，故能產生大用，也就是心的感知範圍擴大，可感知所有一切人的念頭，乃至諸佛能知十方三世一切眾生心。其實人人皆有此潛能，只因凡夫習於能所操作，於現象起分別，導致心的功能受限，等於自廢武功，非常可惜。

「運水及搬柴」，泛指日常生活一切事情。我們的心性，時時與環境的人、事、物和合為一，祖師的用詞是「在三昧中吃飯」，有吃飯的現象，卻沒有吃飯的人。生活不離三昧，刷牙、洗臉、做飯、走路、上班，都可以生活在三昧中。總而言之，「寂而常照、照而常寂」的心性，始終處於無能所狀態，當下只有一念。

波羅蜜

波羅蜜，是梵文pāramitā的音譯，也稱作「度」，意思是超越、度脫。六波羅蜜，即「六度」，六種度脫到彼岸的方法，包括布施、持戒、忍辱、精進、禪定、般若。大方向言，波羅蜜是透過與眾生互動，除我相、人相、眾生相、壽者相而達成煩惱自度，同時也幫助眾生度脫煩惱。

布施波羅蜜

布施與布施波羅蜜不同。一般人認知的布施，通常有一個「我」在布施，有一個「對象」接受布施，以及布施之物，這是有相布施。布施波羅蜜則是無相、沒有對象的布施，既沒有施者、受者，也沒有布施物，便是所謂三輪體空。

凡是有相布施，就代表布施是有選擇性的，而非布施給所有的人；或是布施時有所保留，只布施一部分，而非全部；或是只布施財物，而不願意布施時間、體力、知識、智慧等。

眾生因有自他分別，往往傾向有為法的操作，透過布施來去除慳貪，修人天福報的有漏善業。大修行人則不同，屬於能所雙亡的布施波羅蜜，能施、所施皆空寂，能施、所施都是心性的功用。

布施身體，也屬於布施度，一般人卻不易做到。經典中提到菩薩為利益眾生而布施身體，如《華嚴經》裡的大菩薩，遇老病羸弱的眾生，需求手、腳、頭、目、血、肉、骨髓等，即毫不猶豫地布施。近代也有來果禪師割肝救父的實例。大修行人不會執取身體為我，而將身體視為工具，故能難施能施、難捨能捨。

現代人捐血、捐肝、捐腎、捐骨髓等，同樣屬於身布施，經麻醉處理後，身布施雖可能帶來不適感，術後仍可逐漸恢復，是值得鼓勵的，一方面藉此與有緣的眾生結緣，一方面練習放下對身體的執著。但是要指出，除非已證「身體不是我」，或是願意學習放下對身體的執著，否則建議仍以財物、體力等，做為修布施度的開始。

修布施度，可藉聖嚴師父所說「以他為己」做為大原則，也就是「任何人遇到我，可從我這裡得到什麼好處」。具體操作法，可參考「祖師三通」：

（一）他心通：觀察及滿足眾生的需求。

（二）語言三昧：透過種種語言如關懷語、鼓勵語、柔軟語來利益眾生。

（三）神變通：在團體的大原則下，調整自己，適應對方。

持戒波羅蜜

持戒有二種：一種是有相戒；一種是無相戒，即三輪體空的持戒波羅蜜。

修行佛法不離戒、定、慧三學，如果持戒不清淨，所修的定是邪定；如果修慧不與正定相應，所修的是狂慧。唯有定慧等持才是智慧，智慧即般若波羅蜜，而與慧相應的戒是無相戒，即《六祖壇經》所云：「心地無非自性戒。」

一般持戒，通常是從五戒著手，不殺、不盜、不淫、不妄語、不飲酒，先約束身、口的行為。菩薩戒重在心念，只要心有違犯即是犯戒，則須懺悔。無相戒是既不犯戒，也不持戒，因為心體無相，究竟而言，一切相都是自心物，無人、無我。真正的「我」是心性，無形無相，犯戒、持戒都是現象，並沒有一個「我」在犯戒、持戒。

著名禪宗公案「抱女子過河」便是最好的示例。兩位精進修持的和尚，一日行腳至河邊，準備過河，見到一名婦人也要過河。因為剛下過大雨，水流湍急，師兄不做二想，見義勇為抱女子過河。他的師弟則深感震驚，過河後，一路上耿耿於懷，問師兄：「出家人怎麼可以觸碰女子？這是犯戒啊！」師兄說，我抱女子過河後就放下了，你怎麼一路上抱著不放？

悟者之所以灑脫自在，是因認清現象有而自性空，凡所有相皆是虛妄；也可說是「抱女子過河波羅蜜」，現象中無我、無人，是藉虛幻的現象來自度度人。

因此禪師云：「眾生皆在三昧中吃飯、睡覺。」三昧即波羅蜜、定慧等持，亦即自性定、自性慧。

忍辱波羅蜜

忍辱是什麼？比如，我現在講話，你聽得不耐煩，心中不以為然，只好修忍辱行。但這種忍辱是有能所的，有一個折磨我的對方和一個忍耐的我。

如果只從相上修忍辱，可能日久生怨，終有一天爆發：「我真的欠他那麼多嗎？」曾有一位太太抱怨：「我忍我先生已經忍了十幾年了，我真的欠他那麼多嗎？」這是修忍耐，不是修忍辱。如果是修忍辱波羅蜜，正可藉此因緣除我相、人相、眾生相、壽者相的分別。比如對方罵你，你就練習除人、我分別，常常練習，修忍辱波羅蜜就愈有心得。

心性永遠處於無分別的圓滿狀態，任何一念都是整體的顯現。如果是用這種知見來修忍辱，便能從整體看待一切現象，猶如波浪與波浪的切磋，或如自己的雙手與唇齒互動而已。試問：你以右手寫字，左手沒事，兩隻手會計較嗎？或如牙齒咀嚼食物，舌頭協助，二者會相互讚歎嗎？如果牙齒不小心咬到舌頭，舌頭會怪罪牙齒、與牙齒對立嗎？每個當下，心性都是無分別的，不要分別心境與自他。

精進波羅蜜

精進與精進波羅蜜不同，精進是心性的功能，精進波羅蜜是心性的本質。

有人打禪七很精進，禪七結束後，很快被打回原形。有人發願要做利益眾生的事，也身體力行，照著去做，可是往往無法持續，不久即心生懈怠。這都是取相的精進，是有所求的，一個取精進相，一個取懈怠相，只要取相，便無法持久。

精進波羅蜜則是超越精進與懈怠，不取精進相，也不取懈怠相，念念不住。禪修重視放鬆身心，目的在於放掉取相產生的緊張與不安，一旦身體放鬆，也不可取心的寧靜相，否則還是落於取相。有些人禪坐有點工夫後，便執取放鬆與安定的狀態，覺得很舒適、安定，沉溺其中而不自覺，殊不知寧靜相僅是禪修的前方便，要進一步捨寧靜相，才能心不住相。

心性無相而不離一切相，本來如此，根本不需費力。待人處事，沒有一定要做什麼，也沒有一定不做什麼，只是根據外界需求而回應，這就是精進波羅蜜。

禪定波羅蜜

一般修禪定，多半只能在蒲團上用工夫，一旦返回日常生活與人互動，定力就退失了，這是因為不懂無我的空慧，亦即無我相、無人相，當下只有一念。

初始禪修，通常是透過方法練習，將六根收為一根，或是藉由一個所緣境，如數息、隨息、念佛，或是清楚身體的感覺等來用功，目的是讓行者的散亂心安住於同一個所緣境，漸漸使心集中，進而達成身心統一，這是定的修法。之後要把統一心放掉，才能進入無心，即禪定波羅蜜。

禪定是未與無我空慧相應的定，禪定波羅蜜則是與空慧相應的定；後者不住定相、不住散亂相，無取捨。有了禪定波羅蜜，日常生活照樣與人互動，即使罵人，也可剎那轉為柔軟相，因為所有喜、怒、哀、樂的現象都是心性的功能，不會把喜、怒、哀、樂當成「我」，即如師父所說，有喜、怒、哀、樂的現象而沒有煩惱。

般若波羅蜜

前面所講的五種波羅蜜，都離不開般若波羅蜜。般若波羅蜜一定是與空慧相應，隨緣度眾生，而不會在整體的總相中，取部分為我、部分為他，這就是自在。也唯有與般若智慧相應，才能實證《楞嚴經》所說「與佛如來，同一慈力」、「與諸眾生，同一悲仰」，幫助眾生從生死輪迴中超越煩惱，入究竟涅槃。師父身後留下的四句法偈：「無事忙中老，空裡有哭笑，本來沒有我，生死皆可拋。」即不離三輪體空的般若智慧。

人來我往中，無我相、無人相，而布施時間、財物、佛法，令眾生得入無餘涅槃，是修布施波羅蜜。度眾生時，不持戒，也不破戒，是修持戒波羅蜜。眾生不領情，反而謾罵你、羞辱你，而你心中沒有心境、自他之別，是修忍辱波羅蜜。不取我相、人相、眾生相、壽者相，又能產生種種度化的現象及功能，是修精進波羅蜜和禪定波羅蜜。不離般若波羅蜜，而修布施、持戒、忍辱、精進、禪定波羅蜜，便是六度齊修。

問答討論

問：禪修時，妄念不斷生起，怎麼辦？

答：妄念並不可怕，重點是認清妄念的特質。一、凡夫只能看到念頭的滅相，看到妄念時，妄念實已消失。二、當下只有一念，不論是除妄念或是逐妄念，既除不到，也追不到。三、妄念當生當滅，根本不是「我」。

有妄念時，知道有妄念，不去改變它；若想改變，肯定以為前念還在。一切相不離自心，心性無人我分別，有時心性現出某種虛妄相，然而無一相不是心的功能。因此無所求、無取捨，才能把識心停下來。

中峰禪師開示，想除昏沉與散亂的念頭，這是錯誤的第一步；念頭除掉以後，心生歡喜，這是第二個錯誤；念頭除不掉，很懊惱，這是第三個錯誤。禪修不以滅除妄想為目標，也不追求善念和入定，這些都是生死心。

所以，不要害怕妄念，而要從妄念中看到空性。修默照是透過不觸，讓空性顯現，但眾生相續妄念的業力太強，因此須有止的工夫。師父的法子中，有人指導禪眾默照與話頭兩種方法互用，妄念多時，先用話頭反參，收攝妄念，再入默照；或是先用默照默妄念，再參話頭。但是師父指導禪修，並不鼓勵兩種方法互用，因為禪眾對這兩種方法的體驗程度不一，有些人交互運用，可能更增困擾。

至於如何觀妄念？要無取捨，無取捨有如工具，藉此轉化或停止取捨的攀緣心，接著要把工具放掉，不觸相，也不離相，稱為「外不放入，內不放出」。常人喜歡玩「特寫」，不看整體而取局部，般若智則是三輪體空。所謂福德是產品，福德性是心筆；功德是心筆，福德是心畫。

問：如何消業？

答：凡夫的識心儲存無量無邊的記憶，都是由觸、受、愛、取、有組成。我們在心中播放影像時，以假當真，就會與記憶互動、取捨。播放影像，稱為受報或種子起現行。這些種子，透過身體，產生種種行為現象，稱為果報。而在受報時，又把現象當真，與它互動，在現象中分你我，不斷取捨，叫作受報又造新業。

例如看到某人就討厭，其實討厭的是記憶，而非眼前人。來果禪師說，念頭浮現，馬上參「念佛的是誰？」，念頭便能即時轉為話頭。相當於念頭的雪花接觸到悟境的熱氣，雪花受熱，當下融化。面對記憶和各種現象時，若分別自他，後念與前念互動、念念相續，有取捨便有貪瞋，既在受報，又造新業。修默照與話頭，重點都在消融心境對立，心不停留於任何地方。被妄念、被現象拉走時，不排斥、不互動，知道就好。

問：念佛、誦經，都有所謂的金剛默念法，想問妄想是否也如金剛默念法，是自己冒出來的？

答：從心性而言，不論念佛、誦經，還是一般的妄想，全都是妄念。差別在於，念佛時，我們選擇佛號的妄念，並且透過佛號的妄念引發佛號的妄念。剛開始是刻意從一群雜念中，選擇單一佛號的妄念，當念到不念而自念時，佛號從心底流出來，雖不是刻意選擇，至少是我們想要的妄念。一般妄念則是不請自來，且繁複相續。

問：所有的妄念都是自己流出來的，還是有一些是我自己想要的？

答：要從心中流出自己想要的某種妄念，必須「打敗群雄」，才能勝出。舉例而言，有位阿羅漢過河時，常呼喚河神：「小婢！小婢！快讓河水停下來，我要過河！」河神很生氣，向佛陀告狀，要對方道歉。阿羅漢誠心道歉：「小婢！小婢！對不起！」阿羅漢本來要改口稱「河神」，一出口卻還是「小婢」。原來這位河神五百世都是阿羅漢的婢女，阿羅漢喚她「小婢」的習氣太強，因此「河神」的念頭無法勝出。同理，凡夫的心都是由一大堆妄念組成，任何一個念頭要勝出，需經過較勁，唯有勝者「脫穎而出」。

問：開悟者得心自在，具有心的自主力量，就可消除妄念嗎？

答：開悟以後，發現有「悟」的新選擇，然而迷與悟，仍照樣較勁。師父說，他還是有煩惱，但是煩惱的念頭展現於身、口行為之前，就已被化解了。悟者看到

「寂而常照、照而常寂」能所雙亡的新選擇，然而即使開悟，破初參，後續仍有重關、牢關要破。

蕅益大師指出，破初參，相當於破色蘊，接著有受蘊、想蘊等重關，最後才能破行蘊的牢關。離開三界生死，才能萬里無雲、任運自在，開悟只是微微見到心性的樣子而已。

問：修行常是進一步、退兩步，身為在家人，如何修行才能得力？

答：在家與出家，修行的原則是相同的。修行有如跑馬拉松，念念都在用方法，順著習氣懈怠時，自己要有能力覺察。

有時我們會以功德來看行為過失。比如這種行為的過失是什麼？利益是什麼？當你發覺自己懈怠時，可以自我檢查是不是在追求欲樂？若從欲樂轉為定樂、解脫樂，心態就不同了。

比如吃飯時，如果只是覺得好吃，這是欲樂。如果注意力放在咀嚼的感覺、全身放鬆的感覺，此時不會特別注意食物的味道，也不會有喜歡或討厭的感覺，這是定樂。如果反問：「吃飯的是誰？」就能朝向「解脫樂」。這要從發願開始，要有馬拉松精神，可先從「好的不喜歡，壞的不討厭」做為著力點。

〈第四講〉

《楞嚴經》的生死觀

把佛性找出來

很多人誤會佛法是一種宗教，其實佛法是釋迦牟尼佛對自心發現的一種分享，他體驗到每個人都具有圓滿的智慧，每個人的心都有無窮的功能。這份潛能，人人具足，人人皆可開發。

一切佛經，都是為了啟發眾生發掘自心寶藏。這份寶藏，任何時刻與我們同在，從未缺席；它不生不滅，始終處於圓滿的狀態；它的本質是空性，無相而無不相，《楞嚴經》稱為真心，又名佛性、心性、覺性、涅槃、法身等。

諸多名稱中，我較常用「覺性」與「佛性」。「覺性」強調見聞覺知的功能；「佛性」則意指，一旦除卻妄心，眾生心即如佛心，能夠顯現無盡的悲智功能。

因此有時我會說：「把佛性找出來。」可是這並不是說，有個什麼具體的東西叫作佛性，而在說明，我們的心原來即是佛心，只是一念錯覺，迷失真心，又造重重煩惱烏雲，所以遮覆了本來清明的佛性。即使如此，佛性從來沒有離開當下，任何時間，它都沒有缺席。因此我們要做的是，看見煩惱中仍有佛性，把佛性請出來，讓佛性顯現出來。

在一切現象中，覺悟者同時看到現象與佛性，一般人則把注意力聚焦於現象，現象會有生滅，一旦我們的心處於散亂狀態，就很容易攀緣現象，生起追求或排斥，這就是妄心、攀緣心。而要讓佛性顯現，則須認識什麼是妄心，以及妄心的運作模式，然後從根本轉化操作模式，直至妄心再無立足之地，讓佛性顯現出來。

《楞嚴經》共有十卷，從修行角度，可歸納為「從真起妄」、「返妄歸真」、「全妄即真」的三階段。

卷一至卷四，講述凡夫如何迷失真心，「從真起妄」。

《楞嚴經》卷一，佛問阿難：「心在哪裡？」阿難接連指出心在身內、心在身外、心在身心中間等七處，佛陀逐一否定。因為凡是有方位的心，都不是真心，而是生滅的攀緣心，也稱意識心。

意識心是真心的一種功能，稱為「眾生用」，佛性則如海水，能映現一切波浪，稱為「佛用」。佛性與意識心，有如海水與波浪的關係，海水不動而波浪湧動；一切波浪雖不離海水，但是波浪會生滅，海水則不因波浪生滅而生滅。一般人誤將生滅的波浪當成海水，誤將佛性的圓滿功能屈就於意識心的作用，等於捨「佛用」而取「眾生用」。

卷二，佛陀釐清真心有十種特質，講述能見的心與所見現象的十種關係，稱為「見性」。此處講的「見性」是名詞，指心性、覺性，與禪宗所說的「明心見性」不同。

這十種特質，分別是：見性是心、見性無動、見性不滅、見性不失、見性無還、見性無雜、見性無礙、見性不分、見性超情、見性超見。

大方向來說，可歸納為「空」與「明」兩種特質。「空」是空性，指真心無相、不動；「明」，是照的意思，指見聞覺知的功能。

另一種歸納法是「靈性」與「零性」。「靈性」即「明」，「零性」即「空」，相當於零；無論一個零或是無數個零，加起來都是零，亦即你、我、他所有一切眾生，共用同一個法身。

卷三講三科七大。三科，指六根、六塵、六識；七大，指地、水、火、風、空、見、識。這裡要特別指出，六塵、六識、六根，不是因緣法，也不是自然性，而是真心的功能，它清淨本然，周遍法界。任何一種現象，都是真心遍一切處的功能。

卷四談眾生如何從清淨圓滿的真心變現出虛妄的夢境來。這些虛妄的夢境，始於三細，即無明、能、所。三細極其微細，以至於一般人難以覺察這就是煩惱。一般認知的煩惱，是對外境起貪、瞋，這當然也是煩惱，屬於粗重煩惱。《楞嚴經》指出，只要有一個能見的「我」及所見的外境，即是能所對立，就是煩惱的根本。

三細六粗是《大乘起信論》的分類，《楞嚴經》闡述眾生因一念妄動，妙明轉為無明能所，接著虛空、世界、眾生、業果等虛妄夢境相續出現。眾生由於執取身體為我，為了活命、續命而不斷造業受報，於是顛倒夢想，一生又一世地流浪生死。

知道凡夫流浪生死的根本謬誤後，我們便可有新的選擇，即透過修行「返妄歸真」，相當於轉識成智。卷五、卷六所提出的二十五種圓通法門，都是「返妄歸真」的實踐方法，是以六塵、六根、六識、七大為著力處，並且一門深入，直至返妄歸真，從此不再受時間、空間限制，卻也沒有離開時間與空間，亦即無生死，也沒有離開生死，便是能所雙亡。

能所雙亡後，回頭來看，會發現所有虛妄的現象全是真心的妙用，稱為「全妄即真」。此時，性即是相、相不離性，性相融通而妙用無窮，遊戲三界，同時度化眾生。

要特別指出，《楞嚴經》是從佛的高度來看，而非從眾生角度來談。究竟言，眾生心與佛心本質相同，當修行至大地落沉、虛空粉碎境地，無量的悲智功能便顯現出來。

眾生心與佛心，原來具有完全相同的功能，具有見、聞、覺、知的種種河沙妙用。諸佛與一切眾生的心，如無量虛空融合一體，根本無法分別，稱為「心、佛、眾生，三無差別」。然而「自性若迷，佛是眾生」，若將心性產生的現象分別自他，便是能所對立，順十二因緣流轉，稱為「眾生用」。反之，「自性若悟，眾生是佛」，心不住相，不於現象起分別，則任何一個現象不離整體，只是以某一焦點呈現整體，既是現象，也是心性，稱為「佛用」。

覺悟者的第一步是「夢裡明明有六趣，覺後空空無大千」，一切現象照樣發生，但是以妄為真的執著全部不見了。此時回看世界，會發現整個山河大地、世界、所有的眾生，全部都是我，卻也全都不是我，非一非二、不一不二。

眾生為何流浪生死？

阿難！一切眾生輪迴世間，由二顛倒分別見妄，當處發生，當業輪轉。云何二見？一者、眾生別業妄見，二者、眾生同分妄見。

（摘自《楞嚴經》卷二）

真心，不動、不生滅，為什麼眾生會迷失真心？

《楞嚴經》指出，凡夫由於一念暗動，不知一切現象全是心變現的，而將無知無覺的色相、物質當成「我」，稱作「認物為己」。眾生在無明、能所的迷惑下，迷失在自己創造的虛空、世界、眾生、業果夢境中，把身體當成「我」，而境在心外，也就覺得有一個「我」在時空中穿梭，而為了活命及活得舒服，所以不斷隨業流轉。

經上說，眾生之所以流轉生死，始於兩個關鍵的顛倒見，一是「別業妄見」，一是「同分妄見」。這兩種顛倒，可藉正報身與依報身來理解。

真心，本來沒有心境分別，凡夫由於一念無明，認為需有一個感知的對象，才能證明心具有感知的能力，從而形成虛空、世界、眾生、業果，流轉生死。我們自出生以來，總是以這種模式操作，無法見到地、水、火、風四大組成的身體和世界，都是真心的一部分，誤將真心切割為二，形成正報身和依報身。

正報身即是「別業妄見」，是指我們將個人的身心視為自己；而與他人互動，或與大眾有關者，屬於「同分妄見」。依報身雖是大眾共享、共用，但只要有能所，不論別業妄見、同分妄見，都是妄見。例如我在講課，同學都聽到我在講話，這叫作「同分妄見」。每個人聽到我的聲音，可是各自注意的對象、感興趣的部分及產生的反應不同，叫作「別業妄見」。這種分別，隨時隨處都在上演。

眾生以正報身為我，為了活命，不斷向依報身索取以滿足需求，又在滿足活命基礎後，進而追求活得舒適、享受。以食為例，一般人每天要吃二至三餐，每隔一段時間就要進食，稱為「段食」或「摶食」。我們的眼、耳、鼻、舌、身、意六根也要進食，稱為「觸食」，姑且名之「為生活奔波」，其實不離名、利、權、勢、位，藉以壯大自己的正報身。如此，正報身與依報身的高牆愈砌愈高，更加深正、依二報之對立。

凡夫之所以分別自他，是因意根與外境互動所儲存的記憶，大部分與身體有關。清醒時，我們透過眼、耳、鼻、舌、身、意六根，執取色、聲、香、味、觸、法六塵，讓別人感知有「我」這個人存在，也讓自己有存在感。睡覺時，眼、耳、鼻、舌、身五根不工作，意根則繼續作用，例如做好夢或惡夢時，通常會連結身體愉快或恐怖的感覺。

「別業妄見」與「同分妄見」，相當於一般所說的別業與共業，然而別業中有共業，共業中有別業。例如「四它」法語：「面對它、接受它、處理它、放下它」，由聖嚴師父提出，屬於師父的「別業」；而這四句法語，讓許多人受益，幫助他們化解生活中的棘手困境，可說即是「別業中有共業」。

至於「共業中有別業」，如全球有八十億人口，共同投生在這個地球是共業，而八十億人口又分布於亞、美、歐、非、大洋等五大洲，則是別業。縮小範圍來看，全臺灣有兩千三百萬人口，同一天、同一時間，臺北下雨而臺中、高雄烈陽高照，此時同住於臺灣是共業，分住於北、中、南各地縣市是別業。又如某一地區發生地震、洪水，有人受災，有人則平安無事，這也是「共業中有別業」。

環境，是由每個人的自心透過六根感知六塵組成。從科學角度，六塵並非在身外、心外，而是光波、聲波等，透過神經系統傳輸給大腦的訊號，再根據儲存於記憶的檔案為基礎，進行辨識，也就是說，一切現象全是心感知、選擇、變現的。

一切萬法，唯識所變、唯心所現；離境無心、離心無境。因此，人人心中有自己的國土，這是妄心形成的國土。而在妄心運作下，因共業關係，人人自心變現的虛空也就融合在一起，形成世界。

所謂「人人心中有自己的國土」，牽涉到自身業識變現的現象，是由業力招感的色身所感受的。從理上看，人人經驗到的世界雖是一個同體，可是人人各有角度、立場，所體驗的環境世界便有所不同。唯有當我們睡著了，除了意根以外，其餘五根不再接觸五塵，這時才會感覺身體與世界消失了。若從修行角度，禪修至身心統一時，可體驗到身體的覺受消失，而能感知的心仍在，並且更敏銳、清晰。有過這種經驗的人，比較容易理解身心乃是妄見的事實。

可能有人會問，如果人人心中的國土是妄心國土，那麼聖嚴師父所說「人人心中有座法鼓山」，不也是妄心國土嗎？不是的，師父所說「人人心中有座法鼓山」，即如佛陀開悟所說，眾生皆有如來智慧德相，只因眾生執著、分別而不能顯現。我們現在透過聽經、聞法，並從修行的實踐，練習放下執著、分別，能幫助我們將無明煩惱呈現的虛妄國土漸漸轉為清淨、智慧的寶山。所謂「一念清淨，一念見淨土；念念清淨，念念見淨土」，這座人人心中的寶山，正等待我們撥雲見日，照見本來面目，也就是「把佛性請出來」。

所以，尚未回歸自心本來面目之前，個人的生命與世界都是眾生的別業與共業所招感，必須透過修行，從散亂心轉為集中心、統一心（目標是無心），同時影響身邊的人也減少分別心，如此，眾生的生命與世界環境的大趨勢，就能往好的方向發展。

為什麼說人生如夢如幻？

阿難！汝猶未明一切浮塵諸幻化相，當處出生，隨處滅盡；幻妄稱相，其性真為妙覺明體。如是乃至五陰、六入，從十二處至十八界，因緣和合虛妄有生，因緣別離虛妄名滅；殊不能知生滅去來，本如來藏常住妙明不動周圓妙真如性，性真常中求於去來、迷悟、死生了無所得。

（摘自《楞嚴經》卷二）

心性無相，相從心生。一般人的眼、耳、鼻、舌、身、意六根，接觸色、聲、香、味、觸、法六塵，產生眼識、耳識、鼻識、舌識、身識、意識六識的辨識功能，統稱為十八界。其中，所感知的對象，稱為色蘊；能感知的，分為受蘊、想蘊、行蘊、識蘊，總稱五蘊。七大，是把所感知的對象，分為地、水、火、風、空五大；能感知的，分為見大和識大。這是從能所的角度分析性與相。根本來講，心是無相的，而心發揮功能時，有種種浮塵幻相的產生，這些現象隨因緣和合而生、隨因緣離散而滅，所以是虛妄的。

比如眼根，在常人的經驗中，如果沒有通過眼睛就看不到。然而經中說，這是因為眼睛長時間注視某一對象，產生疲勞，稱為「塵勞」。就如同雙眼盯著地板，時間久了，眼睛產生疲勞，感覺地板好像浮動起來。凡夫所見的山河大地，基本上是由塵勞相引發。

經上說，「見」並不是因為明暗對比而生，如果是因為「明」才可以見，則「暗」的時候，見的能力就消失了。此外，「見」也不是因為眼根的緣故，如果是因為眼根而能見，也就沒有明暗之別。再則，如果現象是因虛空而有，則虛空自知現象，便與眼根無關，所以見現象，也不是因為虛空。

這裡，佛陀主要通過邏輯思惟來分析，眼根是心性的功能，是心通過眼睛，吸取明暗和塵相。或者說，心錄製塵相，然後投射出去並且感知它，稱為「見」。當這些塵相消失，我們用來接觸這些塵相的眼根、眼識也會消失。

講到幻相，大家要有個認知，不要認為幻相是沒有的，幻相是相對而有。在特定因緣條件下，當下感知的幻相是存在的。然而一旦因緣變化，幻相就消失了；有生滅的現象，稱之為幻。佛經常說「如夢如幻」，如夢，不能說沒有相；做夢的時候是有相，醒後則夢境消失。這樣的生滅相，稱之為幻，不要認為幻是沒有的。

我們所看到的一切現象，沒有一樣不是心顯現的。相有種種變化，就如手握為拳、張手為掌，拳、掌都是手，只是相與功能不同。心性也是如此，能變化無量無數的相，一如電腦網絡，當你點開某個網站則網站出現；又如在廣袤的空間，你選擇注意天空則天空出現，注意草坪則草坪出現，注意聲音則聲音出現。這些現象到底有沒有出現呢？有的，主要是你的心動了。

心性無相，同時不離一切相。一般人誤將虛妄的現象當真，後念緣前念，重重糾葛，於是不斷造業。如何認清虛妄非實？要練習看到現象只是現象，不要動念連結，若是立即連結另一個妄念或感受，要清清楚楚知道自己起了什麼心念、生起什麼感受。同時，選擇新的操作模式，認知這個世界無論怎麼變化都是對的，現象中沒有人我、是非。

相有生滅，而能知能覺的心性不會因為相的生滅而生滅。看到物相時，能夠覺知物相的是識；識雖有生滅，但本質仍是不生不滅的真心。例如想起某人、某事時，相關的記憶會浮現出來，注意它，它就出現；不注意它，它就消失。

我常以海水與波浪比喻，波浪不離海水，一般人把生滅的波浪當成海水，在海水中追逐波浪。即便如此，海水仍是海水，不會因波浪生起、消失而生滅或增減。心性也是如此，迷時有來去、迷悟、生死，悟後則發現，一切現成、一切圓滿，根本沒有來去、迷悟、生死。

世界與眾生是怎麼出現的？

佛言：「富樓那！如汝所言『清淨本然，云何忽生山河大地？』汝常不聞如來宣說性覺妙明本覺明妙？」

富樓那言：「唯然，世尊！我常聞佛宣說斯義。」

佛言：「汝稱覺明，為復性明稱名為覺？為覺不明稱為明覺？」

富樓那言：「若此不明名為覺者，則無無明。」

佛言：「若無所明，則無明覺。有所非覺，無所非明，無明又非覺湛明性。性覺必明，妄為明覺。覺非所明，因明立所。所既妄立，生汝妄能，無同異中熾然成異。異彼所異，因異立同，同異發明，因此復立無同無異。如是擾亂相待生勞，勞久發塵自相渾濁，由是引起塵勞煩惱。起為世界，靜成虛空，虛空為同，世界為異，彼無同異真有為法。

（摘自《楞嚴經》卷四）

從一般人的日常經驗，很難相信世界和生命是心變現的，然而依據《楞嚴經》教理，再結合生活經驗，也就不難說明：世界與眾生，都是心變現的。

例如白天想到或夜裡夢見張三、李四，這些相都是從記憶存檔調取的影像，乃是無中生有，從心變現。再從一般人感知的事物，比如看到一張桌子，也要心的參與，透過記憶中儲存的桌子檔案進行核對，確認這是一張桌子，這也是心感知、選擇、變現的。

《楞嚴經》指出，眾生因一念不覺，從真起妄，產生能所；凡有能所分別，就是煩惱。煩惱的運作始於「三細六粗」，所謂「一念不覺生三細，境界為緣長六粗」。

三細，指無明、能見相、所見相。三細非常微細，以至於一般人難以覺察這就是煩惱。即如同學們聽講，一般認為「我不想聽」或「不恭敬地聽」才叫作煩惱，其實「很恭敬地聽」也是煩惱，因為只要有一個「我」在聽「果醒法師」說法，即是能所分別。常人習慣將整體切割為一個「能知」的我和一個「所知」的境，認為世事本來如此，實則已陷落煩惱。

三細六粗是《大乘起信論》的分類，《楞嚴經》講得更細，指出眾生因一念妄動而生能所，因能所對立，相續出現虛空、世界、眾生、業果等虛幻夢境。

經中，富樓那向佛陀請益：「山河大地是如何產生的？」佛陀談起「性覺妙明」、「本覺明妙」這兩個關鍵詞。

「性覺妙明」指心性本來具有無量的功能，「本覺明妙」是把這種功能開發出來。

佛陀又問富樓那：「覺明」是什麼意思？是指「覺性」本身具有明的功能？還是「覺性」必須透過照一個客體，才能彰顯明的功能？

富樓那答，「覺明」是指覺性本身具有「明」的功能，覺性能「明」，才能「明」外境客體。就如電燈泡本身能「明」，始能照明周遭環境；環境是被照明的物件，卻不是電燈泡本身。「有所非覺，無所非明」，意思是只要有能所，即非超越能所的覺性。

「明」是心能照的意思，比如心透過眼「明」色，稱為看；透過耳「明」聲，稱為聽；透過鼻「明」香，稱為嗅；透過舌「明」味道，稱為嘗；透過身體「明」

感覺，稱為觸；透過意根「明」種種想法，稱為思考、判斷等。心取相，而後產生身、口的行為。《楞嚴經》講，凡夫的身體全是由妄念組成，正因色身由妄想組成，只要生起一個妄想，整個身體即能重新組合，現出心想要展現的相或動作。《佛說因緣僧護經》中，有一海龍王變化比丘身隨佛出家，他平日的行為舉止，無異於其他比丘，但在某天中午小睡片刻，因神變力散失，這才現出原形。也有阿羅漢將茶杯變化成黃金，卻是不到三個月又回復茶杯的原形，這都說明神變力有其局限，終究抵不過業力。

問題是凡夫的覺性為什麼會變成無明？主要在於識心認為必須藉由「照」一個外境客體，才能證明心有「明」、「照」的功能。就像小孩如果沒有玩具，比較容易躁動，成人的「玩具」則是六根往內、往外攀緣。從出生以來，我們就落入能所操作，識心不斷攀緣，卻不知道這種操作，一開始就是誤入歧途。

「三細」出現後，接著形成「六粗」。六粗，指智相、相續相、執取相、計名字相、起業相、業繫苦相。

能感知的心與所感知的對象，本來是一體，因為一念妄動，出現有一個能感知的心和一個所感知的對象。如同我以手握拳，然後開掌，其實都是手，可是當我們從第二念去看第一念，就變成前有握拳、後有開掌，此時，沒有同異的一體，就變成有分別了。

所感知的對象有同、有異，能感知的心則沒有同異。心感知的對象，相同的是虛空，這裡指沒有見聞覺知的頑空；不同的是各種現象組成的世界。而能感知的心雖然也是空，卻是有見聞覺知的真空，它不屬於同，也不屬於異，稱為「無同無異」。能知、所知不斷互動，形成塵勞現象，稱為「智相」，是指執著的分別心。

比如現在，我們在課堂上課，你們看到什麼？看到整間課堂，看到法師、同學，或是看到地板、桌椅、燈、門窗等，這說明每個人識心所感知的相有同、有不同。而法師和同學都是人，我們又習慣從中分別男眾、女眾、年齡、胖瘦高矮等，可見我們對環境的認知，都是建立於同異分類的認知模式。

「智相」出現後，漸漸幻化的色相就在虛空中顯現出來，稱為「相續相」。有如打坐時，雙眼盯著眼前的地板，看著看著，感覺地板似乎浮動起來。又如持續仰望天空，眼前會出現幻相，稱為「空中幻花」。或是手中拿一支點燃的香畫圈，其實只有一點香，但因視覺暫留，讓我們覺得空中出現一個圓圈，這都是心不斷與所感知的對象互動，引發塵勞而形成的「相續相」。

幻化的「相續相」形成後，識心產生執取，稱為「計名字」。就如我們常不自覺自我對話，甚至沒有想要自我對話，心中卻忽然浮現一個影像、一個念頭，進而以幻為真，衍生相續的念頭或感受，這是我們每個人都有的經驗，便是我常說的「心中的媽媽不是媽媽」。心中浮現「媽媽」的影像是虛幻的，很多人卻以假當真，還喃喃自語地說：「我媽媽對我真好！」或是「我媽媽真的好囉嗦！」這都是識心相續的妄用，視假為真，叫作「計名字」。

總之，心性本無能所，眾生因一念不覺，認為心需要透過一個外境客體，才能發揮功能，於是將能認知的當成是「我」，將所認知的對象分別虛空、世界、眾生，使得無為法的真心轉成有為法的妄心。本來沒有我，凡夫卻認為有一個「我」，這個假我就是「有為法」，有為法是生滅法，是從真心產生的一種幻化功能。

換句話說，只要認為心在身內，而以身體為基礎與外境互動，如此，就會分別環境有順逆，色身有生、老、病、死、苦，稱為「業繫苦相」。這就是世界與眾生生命的由來，實則世界與眾生都是心感知、選擇、變現。

器世間是如何運轉的？

覺明、空昧相待成搖，故有風輪執持世界。因空生搖，堅明立礙，彼金寶者明覺立堅，故有金輪保持國土。堅覺寶成，搖明風出，風、金相摩故有火光為變化性；寶明生潤，火光上蒸，故有水輪含十方界。火騰、水降，交發立堅，濕為巨海，乾為洲潬。以是義故，彼大海中火光常起；彼洲潬中江河常注。水勢劣火，結為高山；是故山石擊則成炎、融則成水，土勢劣水，抽為草木；是故林藪遇燒成土，因絞成水，交妄發生，遞相為種；以是因緣世界相續。

（摘自《楞嚴經》卷四）

《楞嚴經》講，世界和凡夫的色身，皆是由心感知、選擇、變現，主要由地、水、火、風四大組成。

四大，首先出現的是風輪。「覺明、空昧相待成搖，故有風輪執持世界」，意思是說，覺性本來沒有虛空，一旦能所對立，就叫作「覺明」，而「覺」所對應的空，稱為「空昧」，意為昏暗的樣子，此處指沒有見聞覺知的頑空。能知的心與頑空互動，於是風大出現。

地球在宇宙間的運轉，基本上是以風輪支持。風輪，即風大，在外四大組成的世界是風、在內四大組成的色身是呼吸，人體的呼吸和行為動作，都是由風大驅動。凡夫一切行為的源頭，都是以心取相，包括呼吸也是。呼吸，介於身與心之間，屬於身體，也屬於心，禪修時體驗呼吸，如果方法得力，身心安定，就能直接觀察心念的變化。禪坐產生的氣動也是一樣，當我們注意它，氣動就如受到鼓舞，更形加劇；當我們不在意它，而專注於方法，氣動就會漸漸消失。

風大出現後，接著地大出現。「因空生搖，堅明立礙，彼金寶者明覺立堅，故有金輪保持國土」，「金寶」指堅硬、障礙的物相，即是地大；「明覺立堅」，指心與頑空互動，產生障礙。

這裡，「堅明」是動詞，因為能知的心不斷去感知所明的物相，物相逐漸堅固成形，於是地大出現。基本上，我們所看到的堅固物相，都是識心不斷取相而形成。以「月光禪」為例，禪眾觀想月亮而心中的月亮出現，這個月亮，忽大忽小、忽隱忽現，代表觀想的心力，有時集中、有時散亂。如果念念都是月亮，此時就會有一個很穩定的月亮相出現。從「月光禪」的體驗來講，心中取月亮相而出現一個穩定的月亮相，代表修行已有工夫。但從《楞嚴經》來看，這就是「障礙」，意思是說，當你不斷執取某種現象，認為那個現象是真實存在的，如金寶堅實不摧，便是障礙。

地大形成後，接著火大出現。「堅覺寶成，搖明風出，風、金相摩故有火光為變化性」，意思是說，能知的心，不斷執取所感知的對象，堅固的「金寶」地大出現後，地大又與風大互動，形成火大，而現種種變化。就如雙手摩擦能生熱，或是鑽木取火，都要具備物體與空氣兩個條件，風大與地大互動摩擦，故有火大出現。

接下來是水大出現。「寶明生潤，火光上蒸，故有水輪含十方界」，風大、地大互動生火，在不斷互動過程中，堅固的金寶地大，遇熱轉為氣體蒸發，遇冷則成液體。不過，這遠遠超出一般人的生活經驗，並不容易理解。

以現實來說，我們所寄居的這個地球，海洋占比高達百分之七十；而人體的含水量，以成年人來說，也將近六至七成。有實驗指出，一般人在不進食的情況下，約可續命兩個星期，但如果不喝水，最多只能活三天。因此若遇災變時，往往續命的關鍵就在於能否持續補水，可見水是維持地球眾生生命非常重要的成分。從水的特性來看，有凝聚與分散的功能，就如環繞地球表面的海洋，無法區分哪裡是接合處、哪裡是分界點；或是把四杯水注入同一水壺，看不到接合處；把一壺水倒成四杯水，也看不出哪裡是分界點。

風大、地大、火大、水大相繼出現後，世界已然成型。接著萬物滋長、變化萬千。水、火相互作用，產生土；濕的現象稱為海，乾的現象稱為洲。若是水的比例少於火，形成高山；當山巔岩石相互摩擦，則生火焰，若不斷加熱，石頭就會融為岩漿。若是土的比重少於水，則草木叢生，草木遇火燒成土，擠壓則成水。

上述即是《楞嚴經》所說器世間形成的過程。總而言之，世界相續，是真心轉為妄心後，凡夫的妄心與沒有見聞覺知的虛空互動，次第出現風大、地大、火大、水大，之後交織形成世界與生命萬象。

五濁惡世怎麼說？

阿難！汝見虛空遍十方界，空見不分。有空無體，有見無覺，相織妄成；是第一重名為劫濁。汝身現摶四大為體，見、聞、覺、知壅令留礙，水、火、風、土旋令覺知，相織妄成；是第二重名為見濁。又汝心中憶識誦習，性發知見，容現六塵，離塵無相，離覺無性，相織妄成；是第三重名煩惱濁。又汝朝夕生滅不停，知見每欲留於世間，業運每常遷於國土，相織妄成；是第四重名眾生濁。汝等見聞元無異性，眾塵隔越，無狀異生，性中相知，用中相背，同異失準，相織妄成；是第五重名為命濁。

（摘自《楞嚴經》卷四）

很多人聽過「五濁」，例如《佛說阿彌陀經》提到「五濁惡世」，即指劫濁、見濁、煩惱濁、眾生濁和命濁。這與《楞嚴經》所說眾生因一念妄動而生無明、能所、虛空、世界、眾生、業果的本質相近，只是說法不同。

佛陀譬喻，水與塵沙，本來互不相涉，水本來清澈，塵沙本來會沉積，可是若把塵沙撒放於水中，經交互作用，水質轉為混沌，稱為「濁」。以下從真心與虛空、四大、六塵、正報依報、六根的關係來談五濁的形成。

劫濁

經云：「汝見虛空遍十方界，空見不分。有空無體，有見無覺，相織妄成；是第一重名為劫濁。」

「劫濁」，是真心與虛空互動的關係。真心，本無虛空，但一般人的經驗是有虛空的。真心，本來也沒有前後念，只因眾生一念「不覺」，從真心轉為識心，認為要感知一個對象，才證明心有感知的功能，如此，被感知的對象稱為前念，能感知的心稱為後念。其實前念早已消失，始有後念生起，但常人以為前念還在。虛空的形成，同樣也是識心的錯用。

用真心來看虛空，很難區分哪個是真心、哪個是虛空，稱為「空見不分」。真心本來是真空，現在卻變現出頑空，稱為「有空無體」。真心本來沒能所，現在變成有能所，叫作「識心」。真心本來不生不滅，現在卻有生滅，即是「有見無覺」。

如果禪修體驗到大地落沉、虛空粉碎，就能體驗到沒有虛空。真心始終處於真空的狀態，沒有能所，但我們覺得有一個被感知的虛空，有一個能感知虛空的自己，這兩者加起來就是「劫濁」。

見濁

經云：「汝身現摶四大為體，見、聞、覺、知壅令留礙，水、火、風、土旋令覺知，相織妄成；是第二重名為見濁。」

「見濁」，是真心與四大互動的關係。眾生以身體為我，身體則由四大組成，眼睛、耳朵、鼻子、舌頭等感官都由四大組成。這些感官，本來沒有見聞覺知的能力，但常人的經驗是，「看」要透過眼睛、「聽」要透過耳朵，於是讓四大組成的感官障礙了我們的真心。

感官的作用是有限的，一般人用眼看不遠，用耳無法聽到很遠或是很微細的聲音。有次象岡禪七，有位禪眾打坐，清楚看到禪堂外樹林深處一棵樹的葉脈，有人則看到其他禪眾身上的皮膚毛孔。聖嚴師父有次打坐，聽到兩隻螞蟻打架，聲如兩頭牛嚎叫。這些微細相，一般人用耳聽不到，用眼也看不到。所以，真正能看、能聽、能觸，具有見聞覺知能力的是心。

真心本來不需透過四大，就有見聞覺知能力，現在卻要透過四大，才能夠見聞覺知，稱為「見濁」。一旦要透過四大往外看，常人就會執身體為我、身外為環境。其實自身與環境，都是心感知的，有如夢境一般，所有相都是心中的東西。

煩惱濁

經云：「又汝心中憶識誦習，性發知見，容現六塵，離塵無相，離覺無性，相織妄成；是第三重名煩惱濁。」

「煩惱濁」，指真心與六塵互動的關係。一般人透過四大組成的身體，不斷與外境互動，而常人感知的世界環境，是由色、聲、香、味、觸、法六塵組成。我們的心透過眼睛接觸色相（色塵），透過耳朵接觸聲音（聲塵），透過鼻子嗅香臭（香塵），透過舌頭嘗味道（味塵），透過身體接觸外境（觸塵），而透過意根所對的法塵，包含對世界環境的種種認知、想法或記憶，則屬於法塵。

內外六塵，組成我們的身心世界。六塵之所以叫作「塵」，是因為它起起伏伏，生起後即消失。心離開六塵，是沒有相的；離開能感知的心，現象也不存在，二者互相依賴，猶如交蘆。若能破「煩惱濁」，則夜裡無夢、白日無想，無量過去世捨生、受生的記憶就會浮現出來。

眾生濁

經云：「又汝朝夕生滅不停，知見每欲留於世間，業運每常遷於國土，相織妄成；是第四重名眾生濁。」

「眾生濁」，指真心與正、依二報互動的關係。身體稱為正報身，外在的世界、人事物稱為依報身，正報身需要透過外在的環境世界來支持。

一般人將四大組成的色身當成是「我」，將六根所對的六塵視為環境，接下來，便是用心計較如何活命，乃至色身長存世間。「知見每欲留於世間，業運每常遷於國土」，意思是說，我們希望自己的正報身能夠相續長久。然而，正報身無論使用數十年或是一百年，始終受制於依報身，不是你想長壽就能長壽；也不只是對壽命的執著，包括爭取更好的工作、居住、家庭等依報環境，未必能如願以償。正報身終究會敗壞，假設正報身持續八十年，往生後，通常是隨業流轉，形成另一個正報身，當然，下一生的依報環境也會不同。

事實上，正、依二報全是自心的東西，真正的我是覺性、佛性；我們卻執取正報身為我、以會生滅的色身為我，就叫作「眾生濁」。生死如夢，佛性則從來沒有生死。破「眾生濁」，相當於阿羅漢破行蘊，入涅槃。

命濁

經云：「汝等見聞元無異性，眾塵隔越，無狀異生，性中相知，用中相背，同異失準，相織妄成；是第五重名為命濁。」

「命濁」，主要指六根本來可以互用，比如手可識字，耳也能識字，但是常人的六根無法互用。真心具有見聞覺知的功能，本來是同體，並沒有分別，但是「眾塵隔越」，亦即透過六塵，將我們見聞覺知的功能分開了，就如眼睛本來可看、可聽，現在卻只能看、無法聽。

「性中相知，用中相背」，意思是說，當我們看到某人，或是聽到某人的聲音，本來見聞覺知是同一個真心，但是用的時候，經過眼、耳等六根後，就有作用分別，使得我們的六根無法互資互用。

簡而言之：凡是認為有我、有虛空是「劫濁」；以四大身體為我是「見濁」；將內外六塵當成身心世界是「煩惱濁」；執取正報身為我、分別自他是「眾生濁」；六根不能互用是「命濁」。亦即眾生不以佛性為我，故有五濁。

從拼湊的角度看，凡夫以能所的識心拼湊出虛空、世界，再用識心把小四大的身體調合在一個比較和諧的狀態，如火大不能太熱太冷、風大不能太急太粗、地大不能太硬太軟、水大不能太多太少。本無能所的心性就因一念暗動，形成後念緣前念的識心。眾生執取身體為我，不斷以心境對立的方式，重複拼湊出依報身與正報身，如果心不取四大六塵的生滅相，則拼湊的模式就能改變。

《六祖壇經》云「念念不思前境」，就是一種新的拼湊方式。當有能所的識心不再繼續拼湊六塵，即如禪宗所說：轉眾生用為佛用。

如何抉擇生死根本？

阿難！汝今欲令見、聞、覺、知遠契如來常、樂、我、淨，應當先擇死生根本，依不生滅圓湛性成，以湛旋其虛妄滅生，伏還元覺，得元明覺無生滅性，為因地心；然後圓成果地修證。如澄濁水貯於淨器，靜深不動，沙土自沈，清水現前，名為初伏客塵煩惱。去泥純水，名為永斷根本無明。明相精純，一切變現不為煩惱，皆合涅槃清淨妙德。

（摘自《楞嚴經》卷四）

凡夫流轉生死，源於從沒有能所的見聞覺知轉為有能所；修行，則是從有能所的見聞覺知回到沒有能所，稱為「常樂我淨」。

經中指出，要能達到真正的常樂我淨，有兩個重點：第一，要選擇生死根本，「依不生滅圓湛性成」。平常生活中，當我們以沒有能所的真心去「明」一個物件，就會產生能所，誤以為已經消失的前念還在，而用第二念去「明」已消失的前念，則第一念變成所，第二念變成能；第三念再去「明」第二念，則第三念變成能，第二念變成所。如此運作，只有讓心境分家的操作模式愈來愈熟練。

現在要回頭過來，「依不生滅圓湛性成」，回到不生滅的真心。「圓」是圓滿，「湛」指如水一般明澈；心性，不用去修，本來如此。「以湛旋其虛妄滅生，伏還元覺」，意思是以不生滅的真心，清楚看見錯誤的能所操作模式，讓它停下來，回到沒有汙染的真心。

依不生滅心，相當於入流亡所。心往外攀緣，即是有能所的生滅心；心往內收攝，不觸外境，能讓往外的攀緣心慢慢停下來。如同高速行駛的無明列車，只要駕駛不踩油門，車子行駛一段距離後，終會停下來。所以，正確的操作方式是心不觸。不觸，並非僅是不觸妄想，也包括不執取寧靜心、沒有妄想的狀態，重點是從有對象的安住轉為沒有對象的安住。

第二，「得元明覺，無生滅性，為因地心；然後圓成果地修證」，從因地修，用無能所的心轉化有能所的業力、習性或無明。因地修，一定是無能所、沒有生滅，才能夠實證圓滿的覺性。

「如澄濁水貯於淨器，靜深不動，沙土自沈，清水現前，名為初伏客塵煩惱」，意思是說，汙濁之水靜置一段時間，不去攪動它，汙沙自然沉澱。我們的心，從來都是處於沒有生滅的狀態，但因凡夫的習性，經常是從現象面去操作，所以造作煩惱。

比如現在，我對你們說話，你們會覺得有一個「我」在聽「法師」說話，這就是能所對立。因為我們的心，總是以身體為參考基準，以身體為我，身外為他與環境。聽是「明」的功能，假使我們的心不去「明」，其實也可以聽到。因為我們的心，能夠「明」的範圍相當廣，例如我們的心能夠「明」聲音、語言，也能夠「明」聲音以外——沒有聲音的聲音。

身體，也是一般人「明」的物件，透過身體五根接觸環境中的五塵，再連結意根所對的法塵（記憶與經驗）去判斷，即第六識。不過，第六識有時純粹是法塵的連接。比如現在你聽到我講「第六識」，假使你曾經接收關於「第六識」的訊息，可能就會迅速連接記憶庫，調閱相關記憶或思索「第六識」是什麼意思。假如你從來沒有聽過「第六識」，你的記憶庫就沒有這個資料，也就不知道我在講什麼。

我們的心，透過五根往外取相，同時透過意根向內取經驗與記憶的相，稱為「第六識」。至於要不要繼續取這個相，或者聽過後，覺得是否受用、是否還要繼續聽，基本上是由波動的攀緣心決定，一般人就將這顆波動的心稱為「我」。

就像你們現在聽到我這個講法，心中各自做判斷，稱為「我」決定、「我」判斷，其實這都是第六識的執著功能，第七識「末那識」的我執則更加深細。當執取這個波動的心為「我」，同時產生「要不要繼續聽」或是「聽不懂」、「好吧，還是忍耐聽下去」等想法，然後決定要不要繼續聽下去。這種能做抉擇、判斷的，稱為意識。

當然，對我們而言，要不要聽是可以抉擇的。但是，如果生命突然遭受威脅，如遇到災害或發生意外，把身體當成「我」的強烈執著，就會馬上轉為如何讓「我」續命。如果外境平順，不至有身家性命的隱憂，那麼接觸外境時，攀緣心便會出頭，決定「我」要看什麼、執取什麼。

意識執取色身為我，有些人修行後，我執漸漸減輕，乃至放下，此時仍有識食。識食，基本上是一種強烈的生存欲，用以維持色身存續。我們的心產生能所，叫作意識，即第六識；破第七識末那識以後，還有第八識阿賴耶識。

心就像鏡子，可以顯現所有一切色、聲、香、味、觸、法，假設在萬象萬法中，切割一部分為我、一部分是外境，也認為本來就是這個樣子，我們的心就會一直在整體中執取一個局部物件。身體也是整體中的局部物件，一般人以身體為基礎，去取外境的色、身、香、味、觸等局部物件。

要停止這種操作模式，除了禪修，還必須要有觀念的釐清。當你發現自己又在取相時，問問自己：「那是前念？還是某某人？」經常練習，這種相續心就會停下來，直到你不再受騙。

心不觸，才能反聞聞自性。因為往外攀緣的力量，不會馬上停止，而是慢慢停下來。即使修行至「大地落沉，虛空粉碎」，明心見性了，也只是暫時撥雲見日，煩惱的業力暫時退卻一旁，然而煩惱的烏雲仍在伺機而動，僅是「初伏客塵煩惱」。

「客塵」就是色、聲、香、味、觸、法；外有色、聲、香、味、觸，內有法塵。凡夫的識心在內外六塵顛沛流離，不知道六塵與真心是一體的。當我們的心不再於六塵中取捨，叫作「永斷根本無明」。

根本無明，就是能所；能所斷了以後，則「明相精純，一切變現不為煩惱，皆合涅槃清淨妙德」，心不再向內外攀緣，心所「明」的現象，不再成為我們的煩惱，一切現象又回到真心。真心，不生不滅，即是涅槃；真心不動、不受染汙，具有清淨妙德。

馬祖道一禪師云：「道不用修但莫污染。何為污染？但有生死心造作趣向皆是污染。」聖嚴師父也講，開悟非因修行，但若不修行，就不知道開悟並非因為修行的關係。這都在告訴我們，眾生無有一時離開真心，真心從來沒有能所，一直處於「寂照」狀態，如中峰禪師云：「諸佛悟之，假名惟心；眾生迷之，便成妄識。」

想想看，我們生存於這個世間，是不是都要用心？吃飯要不要用心？穿衣服要不要用心？再則，我們與這個世界，看起來好像是我們的心與外在環境互動，其實是心念與心念的互動，因為世界與眾生都是心感知、變現。

我們的心創造世間，又執著世間，可是這個世間是無常的，必有成、住、壞、空的變化過程。但這並不是說，這個世間很不完美。有一次，一位女眾打坐，坐得非常安定，突然發現旁邊的禪眾長得好英俊，驚為天人，心生愛慕。師父就講：「哎呀，等妳再過幾分鐘，就不會這麼看了！」當你的心非常安定時，所見到的任何現象都是完美的。我自己也有經驗，有回開車，身心很放鬆、安定，突然間感到周遭環境好美，花很美、街道很美，就連紅燈一直不換綠燈，也非常美。

其實我們這個世界，任何一個時間點，都處於完美的狀態。這種完美，超越了完美與不完美的二分法，就叫作「如」，一旦分別心消失，就會發現世界就是這個樣子，無所謂完美與不完美。

怎樣才能夠逆生死流？

阿難！汝觀世間解結之人，不見所結，云何知解？不聞虛空被汝隳裂。何以故？空無相形，無結、解故。則汝現前眼、耳、鼻、舌、及與身、心，六為賊媒，自劫家寶；由此無始眾生世界生纏縛故，於器世間不能超越。

（摘自《楞嚴經》卷四）

一般人從早到晚處於心境分別、自他對立的狀態，所謂對立，並非與人唱反調，而是指有能所、心境之別。常人選擇這種錯誤操作，卻不以為是煩惱，於是流轉生死。

若要逆生死流，就要清楚我們的身心究竟是哪裡被絆住了？如同一條繩子打結了，不知道結在哪裡，而想要解開繩索是不可能的。

經上說：「不聞虛空被汝隳裂。何以故？空無相形，無結、解故。則汝現前眼、耳、鼻、舌、及與身、心，六為賊媒，自劫家寶；由此無始眾生世界生纏縛故，於器世間不能超越。」

這裡用虛空比喻真心、佛性，虛空無物，所以不可能被撕裂；虛空無相，所以沒有一個東西可以讓它打結。眾生之所以會有煩惱，是因為「六為賊媒，自劫家寶」。「六賊」就是六根，六根就像躲在家中的小偷，盜盡家財，自己卻渾然不覺，所以稱為「自劫家寶」。「家寶」即指佛性，具有無量無邊的功能。因為凡夫的六根往外攀緣，致使佛性無法顯現，無法超越生死。

然而，錯用六根是煩惱，正確動用六根則是修行。六根往外感知外境，與外境互動，是順十二因緣，流浪生死。六根向內，不再攀緣，回到心性本身，就能解脫生死、逆生死流。

心透過六根去感知境，形成六識，此時，真心或佛性被虛妄的烏雲遮蔽，假名為識心、煩惱心。如果不用六根，識心即成智慧心。簡言之，有能所的佛性叫作「識心」，無能所的識心，稱為「智慧心」或「佛性」。

因此，禪宗說「知之一字，眾妙之門」、「知之一字，眾禍之門」。「知」，就是心性具有見聞覺知的功能；透過無能所的「知」，能產生無量妙用，稱為「眾妙之門」。透過有能所的「知」，能造作無量的惡業，故稱「眾禍之門」。

實修上，不論念佛、數息，還是話頭、默照，當身體的感覺消失了，就能回到意根。如果意根不觸法塵，即往外不透過五根，五塵不再拉進；往內不用意根，法塵不再放出，稱為「外不放入，內不放出」，就能回到心性本身。簡而言之，當我們的心不再透過六根去感知內外六塵，無能所的心性就會顯現。

什麼是六根互用？

阿難！如是六根，由彼覺明有明明覺，失彼精了粘妄發光。是以汝今離暗、離明無有見體，離動、離靜元無聽質，無通、無塞嗅性不生，非變、非恬嘗無所出，不離、不合覺觸本無，無滅、無生了知安寄！汝但不循動靜、合離、恬變、通塞、生滅、暗明，如是十二諸有為相；隨拔一根，脫粘內伏，伏歸元真，發本明耀，耀性發明，諸餘五粘應拔圓脫，不由前塵所起知見。明不循根，寄根明發，由是六根互相為用。

（摘自《楞嚴經》卷四）

六根是如何產生的？六根是修行的阻力還是助力？

人皆有眼、耳、鼻、舌、身、意六根。眼根的產生，是因連接明與暗；有光源處、能看到的叫作「明」，沒有光源處、看不到的稱為「暗」。心本來沒有能所，因為妄執一個對象，轉為有對象的看。透過能見的心，反映出所見的現象，再透過這些現象的組合連結，形成眼根；其他五根也是如此。

心透過六根，與六塵互動：眼睛連接明暗，耳朵連接動靜，鼻子連接通塞，舌頭連接甜淡，身體連接離合，意根連接生滅，兩兩互動而產生明暗相形、動靜相擊、通塞相發、恬變相參、離合相摩、生滅相續，於是在心性中產生「見」。

心性本具有見聞覺知的功能，能見的心，就如旋火輪那支畫圈的香，可畫出不同的相。只因六根對六塵不同的組合，產生不同形狀，所以讓我們誤以為六塵真實存在，實際上一切現象都是當生當滅，有如旋火輪畫圈的殘影。

一般人感覺有身體和身外的世界，以身體為正報身，以身外為依報身。正報身由五蘊組成，依報身是環境世界。「世」指時間三世，即過去、現在、未來，意即貫穿一切時；「界」指空間十方，即東、西、南、北、東南、西南、東北、西北、上、下，意為遍一切處。

每個當下，眾生都活在正報身與依報身對立的狀態。正報身的六根中，眼根、鼻根、身根是受限制的，耳根、舌根、意根則不受限制。受限制的眼根、鼻根、身根，無法沒有障礙地感知十方三世，如眼根看不到後方、鼻根要有碰觸才能感知，身根也是一樣。而耳根，任何方位的聲音都聽得到；舌根，想講什麼、想嘗什麼，都不受限；意根，只要想得到的，盡其發揮，同樣不受限制。

因此，透過眼根、鼻根、身根修行是受限的，只有當修行至身體的感覺消失了，才不再受限。不過，修行看似以六根為著力點，其實是用心修，透過六根，回到心性本身，所以六根是有功德的。

至於六根，究竟是一、是六？若是一，應可六根互用，但從一般人的經驗，耳無法看，眼不能聽，鼻無法行走，腳無法說話……，顯然不是一。若六根為六，各各獨立，怎麼會耳根聽法，嘴角卻不自覺上揚、心生歡喜？或在人潮之中，可毫無障礙地選擇看和聽的對象，舌根可做出回應，身根可感知冷熱，可見六根並非各自獨立運作。因此佛說：六根，非一也非六。

六根的源頭是心，空無一物，能含攝一切法。經上說，一處空間，若以圓形或其他形貌的器具遮罩，如同身在圓形或四方、三角的房間裡，所感知的空間便不同。除去遮障，空間是一樣的。用什麼器具遮障，就被什麼器具限制，當眾生習慣用眼看、用耳聽、用鼻嗅……，也就被六根限制。

心性本來是沒有對象的知，一旦產生能所，便無法離開明暗、動靜等對象，六根無法互用。若無能所，不透過明暗、動靜等對象，六根即互資互用，從有對象的識心，轉為無對象的知，此時不再透過六根去感知，頂多是透過六根產生現象，就能六根互用。就如經中所說，阿那律眼盲也能看，跋難陀龍耳聾也能聽，殑伽神女不需透過鼻子可聞香，驕梵缽提不用舌頭能嘗味，舜若多神沒有身體也有觸覺。

日常生活中，時時刻刻都有機會練習，重點在於知見的建立：一、正報身與依報身都是自心物。二、後念碰不到前念。三、沒有一個主體的「我」在時空中穿梭。若再配合話頭反問或是默照的不跟、不壓，則念念都是我們反轉錯誤知見的契機。

圓通法門怎麼修？

爾時，觀世音菩薩即從座起，頂禮佛足而白佛言：「世尊！憶念我昔無數恒河沙劫，於時有佛出現於世，名觀世音。我於彼佛發菩提心，彼佛教我從聞思修入三摩地。初於聞中入流亡所；所入既寂，動靜二相了然不生。如是漸增，聞所聞盡；盡聞不住，覺所覺空；空覺極圓，空所空滅。生滅既滅，寂滅現前，忽然超越世出世間，十方圓明，獲二殊勝：一者、上合十方諸佛本妙覺心，與佛如來同一慈力。二者、下合十方一切六道眾生，與諸眾生同一悲仰。

（摘自《楞嚴經》卷六）

無相，要從有相修起；要達到能所雙亡，則要從有能所開始起修。《楞嚴經》所講的二十五種圓通，都沒有離開這個原則。二十五種圓通法門，分別以六根、六塵、六識、七大下手，不論哪種法門，都是從有能所進入圓通，也就是開悟、通達諸法，真正的「返妄歸真」。

其實，這二十五種圓通法門，無有一法不是禪。禪即是心、即是智慧，即使修念佛法門，當念佛念到一心不亂時，也即是禪。禪的修行，不離持戒、修定、發慧。智慧出現後，見到性即是相、相即是性，相當於《心經》所說「色即是空，空即是色」。

不過，要指出的是，修行二十五種圓通法門的大菩薩或阿羅漢，並非一生成就，如舍利弗、須菩提及富樓那，都是歷曠劫修成。因此，修行要有長遠心，並且選定一種方法，一門深入。

從時時修、處處修、念念修的精進大原則來看，《楞嚴經》所示的二十五種圓通法門，並非全都適用現代人。一方面，經典中多位大菩薩已修行無量劫，修持境界非常精深；另一方面，有些法門，如觀地大、水大、火大、風大等，無法隨時隨地在生活中練習。

二十五種圓通法門中，能夠讓我們隨時隨地使用的方法有：呼吸法、念佛圓通、耳根圓通等。體驗呼吸，隨時隨地可用，用到最後，自己已感受不到呼吸的存在，還是可用；念佛、耳根圓通法門也是如此。

呼吸法，包括數息、隨息。聖嚴師父教導禪修有四層次：收心、攝心、安心、放心，有時則稱散心、專心、一心、無心。這四個層次，很容易對照，任何時間都可以進行核對。

凡夫的識心，總是分散在不同對象上，透過禪修方法可使之集中。比如打坐坐定後，身體放鬆，把心安在體驗呼吸的方法上，如果發覺注意力離開方法，再把它拉回到所緣境。當你用上方法後，散亂心會逐漸收攝，轉為專心、一心，最後把一心也放掉，即是無心，此時便是開悟，不再主客分別、心境對立。

有人問：「漢傳教法為什麼不修不淨觀？」不淨觀的本質是降伏淫欲心。這種方法，首先要取一個不淨相，原理和「月光禪」一樣，要練習到一觀想，相即出現，而且是非常穩定的相。相當於用一個穩定的妄念來取代其他妄念，本質上還是有妄念、有對象，並非心性本身。生活中與人互動，如果需要取一個不淨相才能修行，也就無法與人正常互動，無法隨時隨地使用。

漢傳佛法是從有能所轉為沒有能所，透過所緣境做為收心、攝心的方便法，也就是從六根收為一根，最後則全部放掉。默照與話頭的方法屬高階修行，直接從相拉到性，任何一個相、任何一個妄念，都沒有離開心性。耳根圓通法門更是關鍵，雖是從耳根下手，卻已不是從六收一的方便法，而是直接「反聞聞自性」，心不取動相（聲音）、靜相（無聲），達到動靜兩相，了然不生，回到心性本身。

修行到最後，會體驗到所謂的「密圓」。「密」是不可說，超越語言文字所能表述；「圓」是圓滿，遍一切處，無量無邊。密圓相當於「真空」，是不生不滅、不增不減、不垢不淨的空性、法性；妙音、妙色、妙香，相當於「妙有」，即諸佛顯現悲智的無盡功能，合起來就是「真空妙有」。這是說明現象與佛性的關係，佛性是「體」，現象是「用」。《楞嚴經》裡，二十五位大菩薩修證所成的圓通法門，諸如「妙音密圓」、「妙色密圓」、「妙香密圓」等，皆超越語言層次，乃是心性的功能。

心性遍一切處。舉例而言，一個零是零，一千個零加起來還是零，你的見聞覺知、我的見聞覺知，乃至每個人的見聞覺知，全都含攝一切萬法，眾生心與佛心完全一樣。修行至「返妄歸真」時，有能所的識心回到無能所的智慧心，會發現心性本來如此，生活中的一言一行、一舉手一投足、一來一往，種種身體、語言與心念的現象，就是心性本身的功能，就是心性展現的現象，稱為「全妄即真」。

問答討論

問：學佛之後，漸漸發現世俗的事不再那麼重要，覺得似乎什麼事都不用做了，因為不論做什麼，都與了生死沒有關係。可是這種心態，會讓人覺得學佛的人很消極。法師怎麼看？

答：為什麼修行後，什麼事都不用做？應該是什麼事都要做，只是不在乎做這件事是我喜歡或討厭的。正確地說，是藉事練習放下喜歡或討厭的分別心，以平常心做一切事，隨緣利益眾生，而心中沒有我、人、眾生，即是行菩薩道。如果是消極修行，無法除能所，因為隱藏的業力，不會因為你什麼都不做而憑空消失。要藉著行菩薩道修三輪體空，根據眾生的需要去做，然而心中沒有一個「我」在利益「眾生」的念頭。

因此，以自己為著力點、為自己著想，或是以眾生為著力點、為眾生著想，兩者都是心的功能。可是對眾生來講，兩者是不同的。就像微風輕吹，如果你不在受風處，不會有感覺；若你剛好在迎風面，會感受一陣清涼。一旦被清風拂面，你會感謝這場風。

聖嚴師父就是非常積極行菩薩道，一方面藉事鍊心，除去能所，同時藉事與眾生結緣，開發方便慧。我們現在還談不上方便慧，至少可藉事與眾生結緣，因為人的色身沒有眾緣，是無法存活的。

總而言之，積極是心的功能，消極也是心的功能，但是後者所產生的功能非常有限。

問：我有個大學同學群組，基督徒同學在群裡談了基督教的訊息，當他們知道我學佛，有時會來挑戰我的看法。請教法師，面對這種情形，您會如何處理？

答：我和基督徒朋友互動時，往往是聽他們怎麼說，並沒有想要去說服對方。如果有想要說服對方的想法，便有能所。因為對方的色相和我的色相，全都是我心中的東西；我的心與對方的心，都是無形無相，就像「無位真人」穿著不同的衣服，不斷呈現對方和我的衣服，這樣就可以互動。

當然，也可學習師父的身教，站在對方立場設想。曾有一位牧師問師父：「你覺得基督教怎麼樣？」師父答：「很好。」他說：「既然你說很好，為什麼不改信基督教呢？」師父告訴對方：「對我來講，佛教也很好。」對方感到很納悶。師父接著講：「從你的角度，基督教是最好的；從我的角度，佛教是最好的。」這就是不同信仰的差異。從佛教來講，我從你的角度，看到你的信仰是最好的；一神教的信仰，基本上是二元對立，從所有現象中，取其中之一為最好。

性與相，不一不二，可藉身體做比喻。你會區別左手好或是右手好嗎？你會說牙齒與舌頭，哪個比較好嗎？一切現象，都是心性產生的波浪，不要執取波浪為你、我、他。

問：從觀念上，可以把握法師說法的重點，可是現實生活與人互動，不分別你、我、他，可能嗎？

答：比如現在，我聽到自己的聲音，還有你發出的聲音，這就可以練習。到底這些聲音是我感知的？還是裡面有人？

一般人的經驗，認為聲音裡有你、我、他，因為其他聲音的頻率、音調和音質不同於我發生的聲音。可是對我來講，我感知的是不同位置、不同現象的聲音而已。聲音是物質現象，如果把現象當成你、我，就是「認物為己」。當你發覺這種錯誤認知，就可以反問：「現在是誰在說話？」直到每個當下，你都看到五蘊生滅的現象，不再從五蘊所感知的聲音、想法裡，分別自他。

師父講，開悟者所見的世界是一個和合的整體，自心與眾生無法分自他、分界限。悟者無執著、無矛盾、無自我，所以與人和合、和諧，遇到任何人、任何事，都能相應、適應、配合。

問：我們經常以兩種方式生活：一種比較出世，認為他人與我關係不大，我也不必把他人的事太當一回事。一種是非常入世，出發點都是希望對方可以得到什麼好處，也希望自己的想法能讓對方接受。這兩種處世方式，有沒有可能調和？

答：與人互動，只是不同位置的色相互動，全部都是你。對方所產生的種種現象，包括你自己的，都是你的心感知的。對他而言，所有的現象都是他的心感知的。

任何時間點，任何人接觸的一切現象，沒有一樣離開心，也沒有一樣不是心感知的，正、依二報是共享的「大身體」。用這種方式互動，我們的語言、思考會改變，所呈現的現象也會改變；也就是只要一個因緣改變，整個色相就會重組。

現在因為我們把色相分為你、我、他，因為色相的變化，而產生喜歡與不喜歡、合意與不合意等感受。當你發現整體都是你，就會完全改觀。例如我在社群網站貼出一張圖，這張圖會平等出現在群組裡每個人使用的手機或電腦螢幕前。留心去看這個過程，一切人的一切心念、語言、行為，基本上都是共享的，可是我們卻以整體中的某個色相為我、某個色相為他，不斷分別正報身和依報身之不同。

心性沒有能所，一開始就是整個大身體。與人相處，被折磨、被讚歎，到底是我的五蘊被讚歎，還是「我」被讚歎？是我的五蘊被折磨，還是「我」被折磨？轉化思維看世間萬象，慢慢地，你的行事作風也會改變。

問：法師講：「好的不喜歡，壞的不討厭。」可以理解不要執著自己討厭的事物，但是對待自己喜歡的人、事、物，如果說「好的不喜歡」，那還需要與人和樂相處嗎？

答：面對人、事、物，一般人不是喜歡就是討厭，其實有第三種選擇：既不喜歡，也不討厭，以平等心看待。只有以平等心對待人、事、物，才不會疲累。喜歡或討厭，都會障礙我們的心。平等心則像一面鏡子，現前無論發生什麼，都可以接受、融合；當現象消失時，也不會覺得失落、痛苦。因緣讓我做我就做，因緣不讓我做我就不做，我不會因為做或者不做而起煩惱，這就是隨順因緣。

智慧人 61

一人一世界——楞嚴生活

One Person, One World: Living the Śūraṅgama Way

著者	釋果醒
出版	法鼓文化
總監	釋果賢
總編輯	陳重光
編輯	胡麗桂、林文理
封面設計	化外設計
內頁美編	小工
地址	臺北市北投區公館路186號5樓
電話	(02)2893-4646
傳真	(02)2896-0731
網址	http://www.ddc.com.tw
E-mail	market@ddc.com.tw
讀者服務專線	(02)2896-1600
初版一刷	2025年6月
初版五刷	2025年8月
建議售價	新臺幣260元
郵撥帳號	50013371
戶名	財團法人法鼓山文教基金會—法鼓文化
北美經銷處	紐約東初禪寺 Chan Meditation Center (New York, USA) Tel: (718)592-6593　E-mail: chancenter@gmail.com

法鼓文化

國家圖書館出版品預行編目資料

一人一世界：楞嚴生活 / 釋果醒著. -- 初版. --
臺北市：法鼓文化, 2025.06
面；　公分
ISBN 978-626-7345-74-0 (平裝)

1.CST: 楞嚴經 2.CST: 禪宗 3.CST: 佛教修持

221.94　　114004132